Unser großes

Weihnachtsbuch

von Sankt Martin bis Dreikönig

Unser großes

Weihnachtsbuch

von Sankt Martin bis Dreikönig

Bräuche und Geschichten, Lieder und Legenden

Mit vielen Tipps zum Backen, Basteln und Spielen

Herausgegeben und textlich begleitet
von Barbara Cratzius

HERDER
FREIBURG · BASEL · WIEN

Buon Natale!
EAS

Fröhliche Weihn

1

Glückliches Neujahr!

Année

Herzlichen Glückwunsch zum neuen Jahr

Bonne Année

Inhaltsverzeichnis

Vorwort

„Dauert es noch lange bis Weihnachten?", fragen die Kinder ungeduldig, wenn Ende November die Lichterketten in den Straßen leuchten.

„Geht der Weihnachtsstress in diesem Jahr noch früher los?", denken Erwachsene, wenn bereits in Septembertagen Lebkuchen, Christstollen und Nikoläuse in den Geschäften feilgeboten werden. Diese Gedanken, die sich schon in den Herbsttagen beim Anblick weihnachtlicher Dekorationen in den Schaufenstern einstellen, sollten uns nicht belasten, vielmehr uns und die Kinder frühzeitig an schöne Bräuche und Rituale vergangener Weihnachtszeiten erinnern.

Die Geschichten und Legenden, die Bilder und Lieder, die kreativen Bastel- und Backtipps in diesem Buch möchten Freude wecken und dazu anregen, Weihnachten mit frohen Gedanken entgegenzugehen. Vielfältige Bräuche, mit alten und neuen Gestaltungsideen verbunden, wollen Begleiter sein bis zum schönsten Fest des Jahres.

„Ein Leben ohne Feste ist wie ein langer Weg ohne Einkehr", hat ein frühchristlicher Kirchenvater einmal gesagt. In diesem Sinne können wir in den Tagen der Adventszeit „Einkehr" halten für uns allein oder zusammen mit den uns anvertrauten Menschen. So bietet die Advents- und Weihnachtszeit in jedem Jahr die Chance, uns mit „Herzen, Mund und Händen" auf das große Fest einzustimmen. Unsere Sinne und unsere Seele brauchen Bilder, Träume, Töne, Düfte, um frei und entspannt feiern zu können. Kinder können uns das vormachen, wenn wir sie fragen: Wie riecht Weihnachten? Was hört ihr in der Weihnachtszeit? Welche Farben und Bilder seht ihr? Weihnachten – das riecht nach Tannenzweigen, nach Zimt und Nelken, nach Bratäpfeln und Lebkuchen ...

Weihnachtszeit – da hören wir die schönen Weihnachtslieder, die Flöten, die Geigen, den Triangel, das Knistern von Goldpapier, Lametta, Tannennadeln, das Knacken der Nüsse ...

Weihnachtszeit – da sehen wir die Gold- und Silbersterne und die vielen Lichter in den Straßen, die Kerzen an den Zweigen und das Glänzen der Engel mit dem goldenen Engelshaar ...

In den adventlichen und weihnachtlichen Tagen steht mit all den vielen vertrauten Bräuchen eine geheimnisvolle Schatztruhe bereit, auf die wir uns jedes Jahr wieder freuen können. So wie es der Fuchs zu dem kleinen Prinzen von SAINT-EXUPÉRY gesagt hat: „Es muss feste Bräuche geben, dann kann ich rechtzeitig anfangen, mich darauf zu freuen."

Sie werden in diesem Buch viele Anregungen finden, alte weihnachtliche Bräuche wieder lebendig werden zu lassen. Aber der Blick soll auch über den „Tellerrand" hinausgehen, hin zu dem weihnachtlichen Brauchtum unserer Nachbarn. In unserem Kulturkreis leben ja viele Menschen aus anderen Ländern, deren Bräuche kennen zu lernen eine Entdeckungsreise wert ist.

Alle Jahre wieder ...? Halten wir in diesem Jahr wieder eine Kerzenstunde um den Adventskranz? Liest du uns abends wieder Weihnachtsgeschichten vor? Feiern wir wieder ein Bratapfelfest? Solche Erinnerungen und vorfreudigen Fragen zeigen, dass Kindern und wohl auch uns Erwachsenen der gute Boden von Bräuchen und Ritualen unter den Füßen gut tut – alle Jahre wieder, auf dem Weg nach Weihnachten.

Barbara Cratzius

VOLKSBANK

Im Zeichen der vielen Lichter

Sankt Martin – Vorbote des Advent

Wenn unsere Laternen die dunklen Herbsttage erhellen

Das Laternenlaufen ist ein wunderschöner alter Brauch. Im deutschen Norden sieht man bereits an den Septemberabenden die bunten Lichter durch die Straßen tanzen. „Ich geh mit meiner Laterne und meine Laterne mit mir ..."
Besonders schön ist es, wenn die Kinder am Strand entlangwandern und ihre Laternen sich im Wasser spiegeln. Selbst die wildesten Buben werden dann ganz still und hüten sorgsam ihr schwankendes Licht. „Sonne, Mond, Laterne ... brenne auf mein Licht ..."
In den Novembertagen wird es noch einmal sehr lebendig auf den Straßen: „Sankt Martin ritt durch Schnee und Wind ..."
Immer wieder wird die Martinslegende von seiner Mantelteilung erzählt und an dunklen Novemberabenden mit Ross und Reiter und dem Bettler am flackernden Martinsfeuer aufgeführt.
Um Sankt Martin, dem späteren Bischof von Tours, der im Jahre 316 in der römischen Provinz Pannonien, im heutigen Ungarn, geboren wurde, ranken sich viele Legenden. Die weithin bekannteste ist noch immer die Geschichte von der Mantelteilung:
Der junge Martin reitet als römischer Soldat an einem eisigen Winterabend auf die Stadt Amiens (Frankreich) zu. Am Stadttor hockt ein Bettler, nur in ärmliche Lumpen gehüllt. Die Menschen gehen achtlos vorbei. Martin reitet auf das Stadttor zu, sieht den Bettler, will ihm helfen, aber er hat weder Geld noch Brot bei sich.

Da nimmt er seinen weiten warmen Soldatenmantel, zieht sein Schwert, schneidet seinen Mantel mitten durch und gibt eine Hälfte dem Bettler. Die andere wirft er um seine Schultern und reitet weiter.
In der Nacht träumt Martin, dass Christus auf ihn zutritt und spricht: „Martin, du hast mir geholfen. Ich selbst war der Bettler!" Da beschließt Martin: Ich will Christ werden und Christus nachfolgen.

Ludwig Richter

Er verlässt sein Heer und lässt sich taufen. Er gründet bald das erste Kloster in Frankreich und wird später Bischof von Tours. Er starb am 8. November 397.
„Ein Heiliger ist ein Mensch, durch den die Sonne scheint" – dieses schöne Wort eines Kindes trifft den großen Heiligen: Sankt Martin.
Obwohl seit seinem Wirken in der Nachfolge Christi schon 1600 Jahre vergangen sind, scheinen seine Kraft und Ausstrahlung auch auf heutige Menschen ungebrochen zu sein.
Martin verlässt den Soldatendienst im römischen Heer, er wird Mönch und Bischof, kümmert sich um Arme und Entrechtete, verkündet die frohe Botschaft von Christus und zeigt in seinem Wirken, wo Europa seine geistigen und sozialen Wurzeln hat: im ursprünglichen Christentum der Liebe.
Jedes Jahr am Martinstag, dem 11. November, zünden Kinder in den dunklen Straßen ihre Laternenlichter an und singen die vertrauten Martinslieder. Es scheint, als ob das Licht, das Sankt Martin vor vielen hundert Jahren durch sein Wirken in den Herzen vieler Menschen entfacht hat, nicht erlischt.
Schon zu Lebzeiten erfreute sich Martin großer Beliebtheit. Die Menschen verehrten ihn als liebevollen Wundertäter. Viele Kirchen wurden später ihm zu Ehren gebaut.
Es ist immer wieder ein schönes Erlebnis, mit den Kindern am Martinstag mit den hellen Laternen Wärme und Licht in die dunklen Tage des November zu tragen. So wird der Martinstag als Fest des Lichtes, des Teilens, der Mitmenschlichkeit in vielen Gegenden Europas festlich begangen.

Sternenlaterne

Das wird gebraucht
Sternenwellpappe in Blau-Gold, Glitzerklebestift in Gold, Goldbast und Feenhaar in Gold, Windradfolie, Käseschachtel, ca. 15,5 cm Ø, Window-Color-Farben in Gold und Perlmutt-Atoll; Konturenfarbe in Gold, Kerzenhalter, Aufhängedraht.

So wird's gemacht
Den Kerzenhalter in der Mitte der Käseschachtel befestigen. Einen Streifen (50 cm x 15,5 cm) aus Windradfolie schneiden. Aus Wellpappe einen 5,5 cm und einen 8 cm breiten Streifen in entsprechender Länge schneiden. – Die Rückseite der Windradfolie mit Perlmutt flächig bestreichen und trocknen lassen. Dann die beiden Wellpappestreifen auf die Vorderseite kleben. – Die Sterne in Window-Color-Farben auf die Windradfolie malen. Die inneren Kanten der Wellpappestreifen mit dem Glitzerklebestift nachziehen und trocknen lassen. – Den Streifen um die Schachtel kleben. Die Laterne mit Goldbast und Feenhaar verzieren. – Die Löcher für die Aufhängung aus dem oberen Streifen stanzen und den Drahtbügel anbringen.

Martinslied

2. Im Schnee saß, im Schnee saß,
im Schnee, da saß ein armer Mann,
hatt' Kleider nicht, hatt' Lumpen an –
„O helft mir doch in meiner Not,
sonst ist der bittre Frost mein Tod!"

3. Sankt Martin, Sankt Martin,
Sankt Martin zieht die Zügel an,
sein Ross steht still beim armen Mann.
Sankt Martin mit dem Schwerte teilt
den warmen Mantel unverweilt.

4. Sankt Martin, Sankt Martin,
Sankt Martin gibt den halben still,
der Bettler rasch ihm danken will.
Sankt Martin aber ritt in Eil'
hinweg mit seinem Mantelteil.

Martin teilt seinen Mantel vor dem Stadttor von Amiens mit einem Bettler. Glasfenster (um 1230) aus der Kirche von Varenne-Jarcy (Essonne). Paris, Musée de Cluny.

Komm, wir tragen gemeinsam die Laterne!

In der Kindergruppe basteln die Kinder eifrig an den Laternen für den Martinstag. Sie sind ganz begeistert, wenn ihre Hähne und Eulen, die Sonnen und Monde vor dem Fenster hängen. Das Sonnenlicht scheint durch das zarte bunte Laternenpapier.

„Du – das muss stark aussehen, wenn in der Nacht die Kerzen drin brennen!“, ruft Michael.

Axel ist der Älteste in der Gruppe. Er hat heute ganz schlechte Laune. „Jedes Jahr der gleiche Kinderkram“, brummt er. „Ich hab’ schon voriges Jahr zwei Monde gebastelt! Wenn’s wenigstens was Tolles wäre, so ein Astronaut oder ein Drachen oder ein Dino!“

Da tritt Alexej an seinen Tisch. Er ist vor einem Monat aus dem Ural gekommen. Er ist schon sieben und müsste eigentlich schon in die Schule gehen. Aber er kann noch so wenig Deutsch. Darum muss er zunächst die Vorklasse besuchen. Das Wort „Dino“ kennt er aber schon. „Dino gut!“, ruft er. „Ich mit Großvater Dinos malen! Viele!“ Er holt sich die Kreide und malt einen tollen Stegosaurier mit Zacken auf dem Rücken an die Tafel. – Auch Frau Oesterle ist begeistert. „Ihr könnt doch beide einen großen Leucht-Dino basteln!“, meint sie. Sie holt zwei Luftballons, Kleister und Seidenpapier. „Los, wir blasen jetzt den Luftballon auf!“, ruft Axel. „Und dann reißen wir das Seidenpapier in viele kleine Streifen und kleben es um die Luftballons herum. Guck mal, hier sind tolle grüne und braune Farben!“

Alexej hat es schnell begriffen. Die Stacheln schneidet er selbst zurecht. Die Kleinen schauen bewundernd zu.
Nach einer Weile fragt Alexej: „Der Sankt Martin fand die Dinos auch gut?“ Da muss Axel lachen. „Die Dinos waren damals noch gar nicht entdeckt!“, sagt er. „Der Ritter Martin hat vor sehr langer Zeit gelebt. Da gab's noch keine Fahrräder und Autos, keine Eisenbahnen und Flugzeuge. Die Menschen sind auf Pferden von Dorf zu Dorf geritten. Martin hatte eine prächtige Ritterrüstung und ein Schwert. Er musste für den römischen Kaiser in den Krieg ziehen. Aber er hat dann von Jesus gehört, dass wir in Frieden leben und Gutes tun sollen.
Da hat er dem Kaiser sein Schwert zurückgegeben. Aber vorher hat er dem armen Bettler am Wegrand eine Hälfte von seinem Mantel geschenkt. Einfach so – ritsche, ratsche – mit dem scharfen Schwert durchgeschnitten. Und damit wir das nicht vergessen, machen wir alle Jahre so einen schönen Laternenumzug hinter dem Pferd mit dem Reiter her. Der ist auch als Ritter verkleidet. Und dazu singen wir unsere Laternenlieder.“
Alexej findet das ganz spannend. Er freut sich schon riesig auf den großen Martinsumzug.
Aber am Freitag, als sich alle Kinder aufgestellt haben, wartet Axel vergebens auf seinen Freund. Gerade als die Blaskapelle anfängt zu spielen, kommt Alexej ganz aufgeregt angerannt. „Axel, meine Dinolaterne kaputt!“, schreit er. „Meine Schwester gestern auf dem Hof gespielt mit Laterne. Hat Kerze schief reingestellt. Dino kaputt, kaputt, hat Feuer gegeben! Gemein, gemein!“
Da reicht Axel ihm seine Dinolaterne hin. „Komm“, sagt er, „wir tragen sie zusammen! Macht bestimmt Spaß!“
Laut stimmen die beiden Jungen an: „Sankt Martin, Sankt Martin, Sankt Martin ritt durch Schnee und Wind ...“

Zeit kann man auch teilen
Eine Martinsgeschichte

Dunkel und kalt ist es draußen. Der Wind heult. Schneeflocken mischen sich in die Regenschauer. Durch die Straßen bewegt sich ein langer Laternenumzug.
„Ich kann mir richtig vorstellen, wie der Bettler da am Wegrand gehockt und gefroren hat“, sagt Dennis.
Dennis trägt eine große leuchtende Laterne. Die hat der Großvater ihm gebastelt. An der einen Seite ist ein hoher Kirchturm drauf, mit bunten Kirchenfenstern, daneben ein Bauernhaus mit

Fachwerk. Dann erscheint ein Fenster mit einem Ritter auf einem weißen Pferd. Und beim letzten Fenster sieht man, wie der Reiter seinen roten Mantel durchschneidet und die Hälfte einem Bettler am Wegrand schenkt.

„Super – deine Laterne!“, sagt Thomas. Dann guckt er nachdenklich auf das Fenster mit dem Bettler, das leise hin- und herschwankt. „Weißt du, Dennis, eigentlich ist Martin ein toller Mann gewesen. Wenn ich mir das vorstelle: so ein eisiger Winterabend! Und dann hat er seinen Mantel einfach durchgeschnitten. Der hat bestimmt vorn und hinten nicht mehr gereicht! Ölheizung wie wir haben die damals auch noch nicht gehabt. Im Gasthaus gab's wohl nur ein Kaminfeuer, das gequalmt hat.“

Dennis zieht den Reißverschluss an seinem neuen Anorak hoch. Auf dem Rücken ist ein großer Tiger zu sehen. „Mensch, wenn ich den durchschneiden würde, das wäre eine Katastrophe! Zwei halbe Tiger! Meine Mutter würde glatt der Schlag treffen. Und ein Penner würde sich auch schön bedanken für einen halben Anorak. – Heute kann man eben nicht mehr richtig teilen.“

„Es müssen ja nicht die Bettler auf der Straße sein“, sagt Thomas. „Denk mal an die Leute, die wir kennen – welche aus unserer Klasse zum Beispiel.“

„Meinst du die Neuen aus Russland?“, sagt Dennis langsam. „Aber können wir denen denn unsere alten Sachen geben? Die werden doch komisch gucken, wenn wir dann mit tollen, neuen Klamotten daherkommen!“

„Ich meine gar nicht die Klamotten“, sagt Thomas. „Eigentlich könnten wir doch was anderes teilen – unsere Zeit – unsere Freizeit.“

„Zeit teilen?“, fragt Dennis. „Ach so, wenn wir gerade toll beim Kicken sind, dann sollen wir hingehen und mit ihnen Babyspiele machen? Damit sie Deutsch lernen, wie unsere Lehrerin gesagt hat? Nein – das ist mir einfach zu blöd!“

Aber Thomas lässt nicht locker. „Wir können sie ja mitnehmen auf den Fußballplatz! Und wenn wir zum Schwimmen gehen. Dann können wir zusammen mit ihnen kraulen üben. Und dabei sprechen wir mit ihnen. Das macht sicher Spaß. Micha und Swetlana können auch schon ein bisschen Deutsch. Meine große Schwester holt sie manchmal ab und spielt mit ihnen. Guck mal, dahinten!“

Am Ende des Martinszuges geht die große Schwester von Thomas. Sie hat die beiden Kinder aus dem russischen Dorf an der Hand. Vergnügt singen die Kleinen mit: „Laterne, Laterne ...“

Nachdenklich lässt Dennis seine schöne große Laterne auf und ab tanzen.

Als der Martinszug anhält und der Reiter sich vom Pferd hinabbeugt und den roten Mantel teilt, meint Dennis: „Du, Thomas, eine Idee hätte ich schon! Die beiden großen Jungen könnten doch in unserer Fußballmannschaft mitspielen. Ich steh ja am liebsten im Tor. Aber wir könnten auch abwechseln. Vielleicht geben die einen guten Torwart ab. Ich bin am Dienstag dran und die am Donnerstag und Freitag.“

„Die Idee ist Spitze!“, sagt Thomas.

Lodernd flackern die Flammen vom Martinsfeuer hoch in die Nacht.

Martinsgans

Das wird gebraucht
Tonkarton in Weiß; Tonpapier in Orange, Schwarz; Strohseide in Weiß; Pünktchen-Wellpappe in Blau; Wellpappe in Grün; Filzstift in Rot.

So wird's gemacht
Abbildungen 1 und 2 um 100 % vergrößert kopieren oder nachzeichnen und als Vorlagen benutzen. Körper (Abbildung 1) doppelt, Schwanz (Abbildung 2) einmal aus Tonkarton ausschneiden. Die Faltlinien falzen, dann falten. Die Klebelaschen nach innen knicken, die Flügel der Gans nach außen.

Aus grüner Wellpappe einen Kreis von 23,5 cm Durchmesser schneiden (ein großer Teller entspricht etwa dieser Größe).
Schnabel und Halstuch doppelt arbeiten. Mit rotem Filzstift eine Trennlinie auf den Schnabel zeichnen. Für die Augen mit der Lochzange zwei Punkte stanzen. Alle Teile aufkleben. – Körper und Schwanz mit Strohseide hinterkleben.
Die Gans am Kopf und am Bauch zusammenkleben. Den Schwanz einkleben. Die Gans auf den Kreis aus Wellpappe kleben. Ein Teelicht im Bereich des Schwanzes fixieren.

Tipp
Wenn die Gans auf blaues Moosgummi geklebt wird, kann sie schwimmen.

Abbildung 1

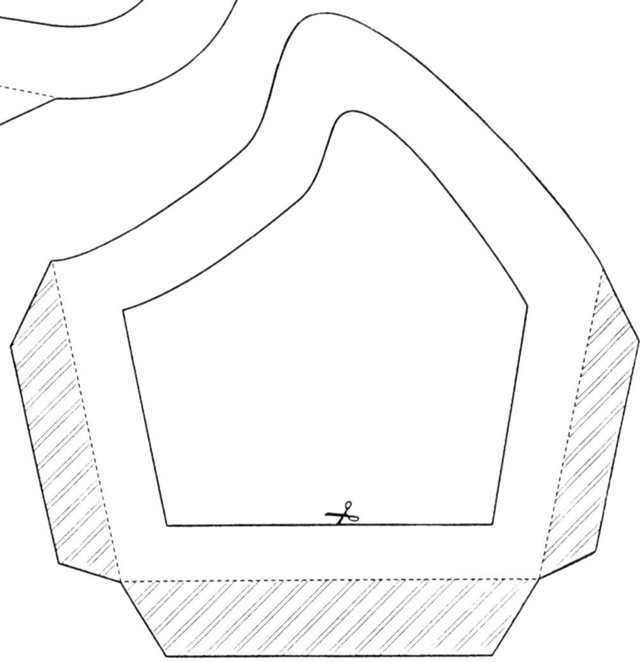

Abbildung 2

Was hat Sankt Martin mit Gänsen zu tun? Eine Martinslegende

In der französischen Stadt Tours sollte ein neuer Bischof gewählt werden. Die Menschen wollten den Mönch Martin zum Bischof einsetzen. Er war bekannt dafür, dass er viel Gutes tat. Aber Martin war ein bescheidener Mönch und erschrak vor der großen Ehre. Er floh aus der Stadt hinaus aufs Land und versteckte sich auf einem Bauernhof – in einem Gänsestall. Er ahnte wohl nicht, dass einige Männer von Tours ihm auf den Versen waren.

Als die Gänse abends vom Hof in ihren Stall schlüpfen wollten, fanden sie ihren Platz besetzt. Sie fingen an, laut zu schnattern und mit den Flügeln zu schlagen. Das hörten auch die, die Martin suchten. So entdeckten die Leute von Tours den Mönch Martin in einem Gänsestall!
Voller Freude riefen sie: „Martin soll unser Bischof werden!"
Seitdem wird der heilige Martin mit einer Gans dargestellt.

Kinder mit „Martinsgänsen" am Martinstag auf dem Freisinger Domberg (bei München).

Die Legende von Sankt Martin
Kleines Singspiel zum Martinstag – 1

Die berühmte Szene, in der der Soldat Martin durch die kalte Nacht reitet und mit einem Bettler seinen Mantel teilt, ist für Kinder eine der eindrucksvollsten Geschichten, an der sie mit Begeisterung teilnehmen. Im Anschluss an die kleine Szene kann der gemeinsame Laternenumzug beginnen.

Rollen
2 Kinder
Sankt Martin
Bettler

Vorbereitung
Sankt Martin trägt einen Helm und ein Schwert aus Pappe, einen Mantel aus einfachem Stoff und feste Schuhe. In ein Stück Tuch aus dem gleichen Stoff wie der Mantel ist eine Goldmünze gehüllt. Der Bettler bekommt eine alte Jacke und einen verbeulten Hut. Einige Kinder können Laternen tragen.

Aufführung
In der Mitte der Spielfläche kauert der Bettler. Sankt Martin nähert sich ihm langsam. Er reitet auf einem Steckenpferd. Die beiden Sprecher stehen in einigem Abstand zu beiden Seiten der Szene.
Im Anschluss an die Spielszene im Haus werden die Kerzen in den Laternen angezündet. Ein gemeinsames Laternenlied stimmt auf den Zug durch die Straßen ein.

1. Kind
Wer reitet nachts durchs Land so spät
durch Eis und Schnee? Der Wind, der weht.

2. Kind
Schaut euch den Ritter Martin an!
Der Martin war ein guter Mann.

1. Kind
Wer hockt am Tor im tiefen Schnee?
Die Kälte tut ihm gar so weh!

2. Kind
Das ist ein armer Bettelmann,
hat keinen warmen Mantel an.

1. Kind
Vom Pferd herab der Martin steigt
und sich zum Bettler niederneigt.

Sankt Martin
Du armer Mann, du frierst so sehr,
ich teile meinen Mantel, schau nur her.
Hüll dich ins weiche Tuch gleich ein,
es wird heut' Nacht wohl noch mehr schnei'n.

Bettler
Hab Dank, du edler Reitersmann,
du schaust mich armen Bettler an.

Sankt Martin
Nimm auch das Goldstück und hab Mut!
Eine warme Suppe tut dir gut.

Alle
Sankt Martin, Sankt Martin, zieh voran,
du zeigst uns, wie man teilen und helfen kann.
Wir zünden die Laternen an,
Sankt Martin reitet uns voran.

Kommt her aus allen Straßen! Kleines Singspiel um Sankt Martin – 2

Regieanweisung

Dieses kleine Singspiel ist schon für Kinder vom Kindergartenalter an geeignet. Die Kinder kommen mit ihren Laternen in den Spielraum gezogen. Sie singen dabei das Laternenlied und stellen sich im Kreis auf. An der einen Seite bleibt der Kreis für das „Stadttor" geöffnet. Am „Stadttor" kauert der „Bettler". Martin geht außerhalb des Kreises herum und beginnt zu sprechen. Er hat einen weiten Mantel an, der aus zwei Teilen besteht, die nur lose aneinander geheftet sind, so dass er sie mit dem Holzschwert (bzw. mit der Hand) leicht zerteilen kann.

Am Schluss führt Martin die Kindergruppe zu einem weiten Zug durch den Spielraum oder durch die Straßen an. Dabei können die letzten Strophen des Laternenliedes oder auch andere Strophen gesungen werden. Der Bettler hat seinen Mantelteil um sich geschlagen und zieht am Schluss mit.

Bassenheimer Reiter (um 1240). Hochrelief in der Kirche von Bassenheim (Krs. Koblenz), ein Hauptwerk des Meisters von Naumburg.

Lied: „Kommt her aus allen Straßen ...“
Nach der bekannten Melodie:
„Ich geh mit meiner Laterne ...“

Kommt her aus allen Straßen,
wir ziehen durch die Nacht.
Wir haben für Sankt Martin
die Lichter angemacht.
Ein Mond, ein Schwan, ein Stern, ein Hahn,
die Eule auch hintendran.

Sankt Martin sah den Bettler
am dunklen Wegesrand.
Da teilte er den Mantel
und gab mit gütiger Hand.
Ein Mond, ein Schwan, ein Stern, ein Hahn,
die Eule auch hintendran.

Seht ihr die Lichter tanzen,
so zieh'n wir durch die Nacht.
Wir haben mit unseren Liedern,
an dich, Sankt Martin, gedacht.
Ein Mond, ein Schwan, ein Stern, ein Hahn,
die Eule auch hintendran.

Martin
Ich bin so müde vom langen Reiten! Schnell will ich durch das Stadttor gehen und mir ein warmes Lager für die Nacht suchen. Eine warme Suppe und Wein wird's irgendwo auch noch so spät geben! – Allerdings, meine Taschen sind leer! Ich habe den Kameraden mein letztes Geld gegeben fürs Kartenspiel. Aber der Hauptmann wird mir meinen Lohn wohl im Voraus auszahlen.

Bettler
Ach, ihr stolzer Ritter! Habt Mitleid mit mir! Ich sitze schon so lange hier an der kalten Stadtmauer! Gebt mir etwas Geld, dass ich mir etwas zu essen kaufen kann!

Martin
Armer Bruder, ich würde dir gern helfen. Aber schau doch, meine Taschen sind leer! (Er krempelt seine Taschen um.) Und ich sehe, du frierst so. Ich habe nur den weiten, wollenen Mantel, den mir meine Mutter aus Ungarn geschickt hat. Es fällt mir schwer, mich davon zu trennen. Aber er ist weit genug. Wenn ich ihn zerschneide, kann sich jeder noch warm damit einhüllen.

Bettler
Im Namen Gottes dank ich Euch, edler Ritter!

Lied „Laterne, Laterne ...“
(nach der bekannten Melodie)

Laterne, Laterne,
laufen wir so gerne.
Ein Eulenpaar
und die Gänseschar
und Mond und Sterne wunderbar.

Laterne, Laterne,
laufen wir so gerne,
schau'n den Sternentanz
und den Lichterglanz.
Du helles Licht, verlösche nicht!

Laterne, Laterne,
laufen wir so gerne.
Hört ihr unser Lied,
singt doch alle mit.
Wir folgen Sankt Martin mit frohem Schritt.

Laterne, Laterne,
laufen wir so gerne.
Kerzen ausgemacht,
nun ist dunkle Nacht.
Wir haben euch das Licht gebracht.

Martinsmännchen

Das wird gebraucht
250 g Weizenmehl (möglichst Vollkornmehl), 160 g Butter, 3 Eigelb, 1/2 Schale von einer ungespritzten Zitrone, 1 Päckchen Vanillezucker, etwas Zimt und Kardamom, einige Rosinen, Pfeifen aus Ton.

So wird's gemacht
Mehl auf ein Backblech sieben. Eigelb und Gewürze zugeben, Butter in Flöckchen dazugeben, gut durchkneten, eine halbe Stunde ruhen lassen. – Nicht zu dünn ausrollen, mit einer Schablone Weckmännchen ausschneiden. Rosinen als Augen eindrücken, Tonpfeife eindrücken. – Bei Mittelhitze ca. 15 Minuten backen.

Bratäpfel zum St. Martinsfest

Das wird gebraucht (für ca. 6 – 8 Personen)
8 mittelgroße, säuerliche Äpfel (z. B. Boskop), 6 Teelöffel Butter, etwas Vanille aus der Vanillestange, etwa 70 g Zucker.
Zum Füllen: verschiedene Früchte, z. B. Birnen, Bananen, Pflaumen, Brombeeren, Rosinen, Mandelstifte, Walnussstücke oder Pinienkerne, etwas Zitronensaft und Sahne.

So wird's gemacht
Auflaufform mit Butter ausfetten, Äpfel säubern, Kerngehäuse mit dem Apfelstecher entfernen. – Für die Füllung Früchte klein schneiden, Vanille und etwas Zucker drüberstreuen, mit Rosinen und Nussstücken, Zitronensaft und Sahne mischen. – Äpfel füllen, nach Belieben mit einem Löffel Marmelade schließen, Butterflöckchen drübergeben. – Im vorgeheizten Backofen bei 220° ca. 30 Minuten backen. – Mit Vanillesoße oder Eiskugeln servieren.

Kürbissuppe

Das wird gebraucht
800–1000 g Kürbisfleisch, 1 Bund Lauchzwiebeln, 4 Esslöffel Butter, eine Knoblauchzehe, 1 Liter Gemüsebrühe oder Hühnerbrühe (auch aus Brühwürfeln), 150 g Crème fraîche, 1 Teelöffel geriebener Ingwer, etwas Zucker, Salz, frisch gemahlener Pfeffer, Muskatnuss und Zimt nach Geschmack.

So wird's gemacht
Klein geschnittene Kürbisstücke (ohne Kerne) mit den klein geschnittenen Lauchzwiebeln, der geriebenen Knoblauchzehe und dem Ingwer in Butter andünsten. – Brühe dazugeben, mit den angegebenen Gewürzen abschmecken, ca. 20 Minuten köcheln lassen. – Mit dem Stabmixer pürieren, Crème fraîche zufügen, mit einigen Ringen von klein geschnittenem Grün der Lauchzwiebeln garnieren.

Kürbislaterne basteln

Eine Kürbislaterne ist zu schwer, um sie bei einem Laternenumzug zu tragen. Sie kann aber den Hauseingang schmücken, auf dem Fensterbrett oder dem Balkon in den dunklen Novemberabend hinausleuchten.

Das wird gebraucht
Große Kürbisse für Sonne und Mond, mittelgroße Kürbisse für Sterne.

So wird's gemacht
Gut handgroß ein Loch in die Kürbisse schneiden; die Kürbisse dann aushöhlen. – Für Sonne und Mond den Deckelabschnitt um den Strunk schneiden, eventuell auch in Sternform. Bei den Sternen den Deckelabschnitt unten herausschneiden.
Auf die Kürbisschale verschiedene Muster mit einem Stift aufmalen: Sonne, Mond und Sterne. Mit Hilfe von Messer und Kürbissäge die Formen schnitzen.
Die Umrisslinien der Gesichter bei Sonne und Mond entweder mit einem Linoldruckmesser in die Kürbisschale ritzen oder aber mit vielen kleinen gestochenen Löchern sichtbar machen.
Die kleinen Sterne um den Mond am besten von den Spitzen aus nach innen schneiden, bis sich die Sternzacken lösen.

Im Zeichen des Advents

Zeit der Erwartung und Vorbereitung

Zeit des Advents

Stellen Sie sich einmal vor, wir würden das Weihnachtsfest schon am 1. Advent feiern. Wir hätten keine Zeit mehr, uns auf das schönste Fest des Jahres vorzubereiten. Die Adventszeit, die Vorbereitung auf das Weihnachtsfest, würde einfach ausfallen. Wie sehr würden uns die schönen Bräuche und Rituale, die uns auf dem Weg nach Weihnachten begleiten, fehlen! Ohne Advents- und Weihnachtsbrauch würde das Leben in dieser Jahreszeit, die man nicht selten die schönste nennt, ärmer und die Zeit vor Weihnachten alltäglicher werden.

Nicht nur Kinder, auch Erwachsene brauchen inmitten des ständigen Wechsels der Eindrücke und Situationen, denen wir im Laufe des Jahres ausgesetzt sind, wohltuende Ruhepunkte, feste Rituale und Bräuche, die das Leben bereichern und strukturieren. „Wir brauchen feste Bräuche", sagte der Kleine Prinz des ANTOINE DE SAINT-EXUPÉRY.

So sind auch heute in manchen Familien die adventlichen Tage ohne den Duft von Zimtsternen, Stollen und Spekulatius nach Großmutters köstlichen Rezepten nicht denkbar. Da werden der Adventskranz und der Adventskalender in vertrauter Weise gemeinsam gestaltet oder Noten und Texte der schönen alten Weihnachtslieder wieder hervorgeholt. Hinter verschlossenen Türen wird fleißig gewerkelt und gebastelt.

Und jedes Jahr werden wieder an den dunklen Abenden duftende Kerzen angezündet. Immer lebendiger wird der Wunsch, trotz Weihnachtsstress und Konsumrausch die schönen alten Bräuche wieder lebendig werden zu lassen, in alten vertrauten Geschichten und Gedichten zu stöbern, eben die schöne „Weihnachtskunst" wieder zu entdecken.

In einem Weihnachtslied aus dem 17. Jahrhundert heißt es:

Drum, Jesus, schöne Weihnachtssonne,
bestrahle mich mit deiner Gunst.
Dein Licht sei meine Weihnachtswonne,
und lehre mich die Weihnachtskunst,
wie ich im Lichte wandeln soll.

Jedes Jahr wieder sollte man sich um diese schöne „Weihnachtskunst“ bemühen. Wir erinnern uns vielleicht nur noch vage an die alten weihnachtlichen Bräuche, kennen die ehemals vertrauten Rituale oft nicht mehr und weniger noch die Bräuche unserer ausländischen Mitbürger.

„Mein Herz soll dir grünen in stetem Lob und Preis“, sagt PAUL GERHARDT in einem Weihnachtslied. Nach den regnerischen Wochen im November, nach dem Totensonntag und dem Gang an die Gräber wollen Herz und Seele aufwachen, hell, lebendig und fröhlich werden, das Licht erwarten. Und das kann konkret heißen: den goldglänzenden Zauber, der das Jahr über versteckt war, in der Wohnung entfalten, die schönen Leuchter und die Holzpyramide vom Boden holen, den Adventskalender für unsere Lieben füllen, die Sterne vor die Fenster hängen, alte Rezepte hervorsuchen, Weihnachtsbriefe schreiben, Pakete packen ...

In diesem Jahr hatte ich das Gefühl, dass die sommerlichen Kalenderblätter hinter den Wechselrahmen eigentlich nicht mehr in die Weihnachtszeit passten. So wurden die Sommerblumen von EMIL NOLDE durch ein altes Krippenbild ersetzt, das ich aus einer Zeitschrift ausgeschnitten hatte. Und an die Korkwand über dem Küchentisch hatte ich Fotos von den Krippenspielen der Kinder gehängt: Die ganze Adventszeit über fiel mein Blick auf die Hirten, wie sie – geblendet vom Glanz des Sterns – die Botschaft der Engel vernehmen.

Die Bilder von Engeln, Hirten, Weisen und dem Kind in der Krippe, die Sie auf diesen Seiten finden, sollen lebendig werden und uns die Adventszeit über begleiten.

Adventskranz im Münchener Dom.

JÖRG ZINK spricht von den Hirten als den sorgsamen Menschen. Er meint, das könnten wir sein: Hirten. Es liege an uns und wir müssten es nur zulassen, dass der Hirte in uns lebendig wird. Das könnte unserem Leben Sinn und Gestalt geben.

Es kommt ein Schiff, geladen

4. Zu Bethlehem geboren
im Stall ein Kindelein,
gibt sich für uns verloren,
gelobet muss es sein.

5. Und wer dies Kind mit Freuden
umfangen, küssen will,
muss vorher mit ihm leiden
groß Pein und Marter viel,

6. danach mit ihm auch sterben
und geistlich auferstehn
ewig's Leben zu erben,
wie an ihm ist geschehn.

T: Johannes Tauler (zugeschrieben)
Heutiger Text: Daniel Sudermann, um 1626
Notensatz: © B. Schott's Söhne

Warten!

Dom Helder Camara

Gengenbacher Adventskalender

Warten! Es ist beeindruckend zu sehen, dass niemand gern wartet und kaum jemand warten kann.
Wenn auf den Straßen unserer Stadt Staus entstehen, dann liegt einer der Hauptgründe darin, dass sich Wagen – Taxis oder Privatautos – immer wieder in die kleinste Lücke schieben. Im Nu bilden sich dann drei oder vier Schlangen nebeneinander, und es gibt ein Hupkonzert, dass man taub werden könnte.
Zugegeben: Überall und den lieben langen Tag muss man für alles mögliche Schlange stehen: an der Bushaltestelle, beim Wasserholen am öffentlichen Brunnen, in den Geschäften, vor dem Kino, bei den allgemeinen Gesundheitsstellen, vor dem Aufzug, Schlangen und überall Schlangen!
Der Arzt ist noch nicht da: warten! Der Zug hat Verspätung: warten ... Ein Wagen vor uns hat eine Panne. Da hilft kein Hupen; was bleibt uns anderes als warten?
Und wer denkt nicht an den „Maurer Pedro" („Pedro pedreiro" – in Brasilien bekannter Schlager von Chico Buarque), der warten, warten und immerzu warten muss, auf den Zug und auf die Lohnerhöhung, die nie kommt.
Das Mädchen wartet auf den Freund, der ausbleibt ... Die alte Mutter wartet auf ihren undankbaren Sohn, der sie nie besucht, nicht einmal heute, an ihrem Geburtstag ... Der junge Mann wartet auf den heiß ersehnten Brief, der nicht kommt ... Der Geschäftsmann wartet auf einen Anruf, der ausbleibt ...
Nun liegen Warten und Hoffen dicht beieinander. Die Hoffnung ermüdet und schwindet, und wenn das Warten kein Ende hat, verliert der Hoffende nicht selten die Geduld. Die Ehefrau wartet auf ihren Mann und betet, dass er nicht aggressionsgeladen nach Hause kommt ... Die Mutter wartet auf ihren Sohn und fürchtet, ihr Mann, der Vater des Jungen, könne die Geduld verlieren und einen Tanz aufführen, wenn er zur Tür hereinkommt ... Der Kranke wartet darauf, dass er wieder gesund wird; doch die Besserung lässt immer länger auf sich warten ...

Liebe Freunde, natürlich weiß ich aus eigener Erfahrung, wie es an die Nerven geht zu warten. Besonders bei bestimmten Dingen: wenn man nicht rechtzeitig an die Stechuhr kommt; wenn für einen Kranken, der eiligst einen Krankenwagen braucht, ein Verzug von Minuten, ja Sekunden lebensgefährlich werden kann ..., wenn die Feuerwehr nicht durch den Verkehr kommt und der Brand um sich greift ...
Wissen Sie, wer Meister im Warten ist?
Gott. Nicht selten wartet er ein Leben lang darauf, dass sich jemand bekehrt. Er wartet in bedingungslosem Respekt vor der Freiheit des Menschen.
Gott der Herr versteht es zu warten, bis im Schoß der Erde der Samen aufbricht ..., versteht es, den lautlosen Lauf der Gestirne durch die Höhen abzuwarten ..., versteht es zu warten, bis der Egoismus unter den Menschen weniger wird – der Egoismus, der Familien ins Unglück stürzt, die Menschheit in Klassen aufspaltet und Regierende an Krieg denken lässt.
Herr, lehre uns zu warten! Und vor allem hilf uns, zwischen den kleinen Warteanstrengungen des Alltags und dem hoffnungsvollen Warten auf dein Wort, deine Güte und deine Barmherzigkeit zu unterscheiden!

Ein besonderer Adventskalender

Der Brauch des Adventskalenders ist noch nicht alt. Der erste Adventskalender ist 1903 in München gedruckt worden. Es war eine Art Bild-Spruch-Kalender. Die Bilder wurden ausgeschnitten und auf Felder mit den Sprüchen geklebt.
Welche Vielfalt von Adventskalendern tummelt sich seitdem in unseren Kaufhäusern! Am schönsten aber sind immer noch die Adventskalender, die wir mit den Kindern gemeinsam malen, basteln oder backen. Eine Reihe von Anregungen finden Sie in diesem Buch.
Es macht besonders Spaß, wenn mehrere Kinder einen solchen Kalender zusammenstellen.

Das wird gebraucht
24 kleine Schachteln (Streichholzschachteln oder auch etwas größere Schachteln), Klebeband, weihnachtliches Geschenkpapier mit besonders schönen Mustern, Gold- oder Silberkordeln, Zahlenaufkleber 1–24.
Zum Füllen: Teebeutel mit weihnachtlichem Duft, Räucherstäbchen, ein schön bemalter weihnachtlicher Liedtext oder ein liebevoll geschmücktes nostalgisches Weihnachtsgedicht, Schokoladentaler, ein bronziertes Herbstblatt, Glückspfennig, Mini-Kerze, eine schön geformte Muschel oder ein Stein, ein klitzekleiner Wichtel, ein kleiner Engel aus Holz, Federn, Nudeln ...

So wird's gemacht
Jede Schachtel einzeln füllen, mit Klebeband verschließen. – In Geschenkpapier einwickeln, Gold- oder Silberkordel herumschlingen, mit Zahlenaufkleber versehen. – Die kleinen Päckchen in einer größeren durchsichtigen Schachtel einordnen, auf dem Fensterbrett dekorieren oder mit langen Goldfäden an den Adventskranz hängen.

Macht hoch die Tür

4. Macht hoch die Tür', die Tor' macht weit,
eu'r Herz zum Tempel zubereit't.
Die Zweiglein der Gottseligkeit
steckt auf mit Andacht, Lust und Freud';
so kommt der König auch zu euch,
ja Heil und Leben mit zugleich.
Gelobet sei mein Gott,
voll Rat, voll Tat, voll Gnad'.

5. Komm, o mein Heiland, Jesu Christ,
mein's Herzens Tür dir offen ist.
Ach zieh mit deiner Gnaden ein;
dein' Freundlichkeit auch uns erschein.
Dein heil'ger Geist uns führ' und leit'
den Weg zur ew'gen Seligkeit.
Dem Namen dein, o Herr,
sei ewig Preis und Ehr.

T: Georg Weissel (1590–1635)
Notensatz: © B. Schott's Söhne

Alle Jahre wieder

T: Wilhelm Hey; M: Friedrich Silcher
Notensatz: © Schott's Söhne

Kerzen im Advent

Nach Philipper 4,4–7

Das Licht am Kranz kann nicht die Nacht erhellen,
doch soll es dir und mir ein Zeichen sein.
Es strahlt uns Gottes Glanz aus Finsternissen
und bricht in unsre dunklen Herzen ein.

Das erste Licht will uns zur Freude rufen,
so freuet euch im Herren allezeit!
Wie es die Hirten auf dem Felde hörten:
Gott selber tritt in unsre Dunkelheit.

Das zweite Licht verheißt uns Gottes Güte,
Gott teilt uns reichlich seine Liebe aus.
So tragt die frohe Botschaft freudig weiter
und ruft sie in die dunkle Welt hinaus.

Das dritte Licht sagt tröstend: Bringt die Sorgen
mit Danken und mit Fleh'n vor euren Herrn!
Er wird euch helfen, seht, er ist uns nahe,
denn auch für uns erschien der Weihnachtsstern.

Das vierte Licht verkündet Gottes Frieden,
er zieht auch diese Weihnacht bei uns ein,
dass wir in unsern Ängsten ihm vertrauen
und tröstlich spüren: Wir sind nicht allein.

Die stillste Zeit im Jahr

Karl Heinrich Waggerl

Advent, das ist die stillste Zeit im Jahr, wie es im Liede heißt, die Zeit der frohen Zuversicht und der gläubigen Hoffnung. Es mag ja nur eine Binsenweisheit sein, aber es ist eine von den ganz verlässlichen Binsenweisheiten, dass hinter jeder Wolke der Trübsal doch immer auch ein Stern der Verheißung glänzt. Daran trösten wir uns in diesen Wochen, wenn Nacht und Kälte unaufhaltsam zu wachsen scheinen. Wir wissen ja doch, und wir wissen es ganz sicher, dass die finsteren Mächte unterliegen werden, an dem Tag, mit dem die Sonne sich wendet, und in der Nacht, in der uns das Heil der Welt geboren wurde.

Für die Leute in den Städten hat der Advent kein großes Geheimnis mehr. Ihnen ist es nur unbequem und lästig, wenn die ersten Fröste kommen, wenn der Nebel in die Straßen fällt und das karge Licht die Tage noch mehr verkürzt. Aber der Mensch auf dem Lande, in entlegenen Tälern und einschichtigen Dörfern, der steht den gewaltigen Kräften der Natur noch unmittelbar gegenüber. Stürme toben durch die Wälder herab und ersticken ihm das Feuer auf dem Herd, er sieht die Sonne auf ihrem kurzen Weg von Berg zu Berg krank werden und hinsterben, grausam finster sind die Nächte, und der Schneedonner schreckt das Wild aus seinen Zuflüchten. Noch in meiner Kindheit gab es kein Licht in der Stube, außer vom Kienspan oder von einer armseligen Talgkerze. Der Wind rüttelte am Fensterladen und schnaufte durch die Ritzen, das hörte sich an wie der Atem eines Ungeheuers, das draußen herumging und überall schnupperte, einmal an der Wand und dann an den Dachschindeln, es verhielt am Brunnen und kam wieder mit tappenden Hufen. Wie gut, wenn ein Licht dabei brannte, gottlob für einen winzigen Funken Licht in der schrecklichen Finsternis! – In der Vorweihnacht kam der Vater immer schon ums Dunkelwerden von der Arbeit heim. Er saß dann gern mit uns Kindern am Tisch, während wir auf das Essen warteten. Müde und geduldig ließ er sich ausfragen, es schadete nichts, wenn Frage und Antwort kaum einmal zusammenpassten, weil der Vater schwerhörig war, mitunter auch ganz taub, falls die Mutter etwas von Brennholzklieben dazwischensagte.

Am zweiten Sonntag im Advent stieg der Vater auf den Dachboden und brachte die große Schachtel mit dem Krippenzeug herunter. Ein paar Abende hindurch wurde dann fleißig geleimt und gemalt, etliche Schäfchen waren lahm geworden, und der Esel musste einen neuen Schwanz bekommen, weil er ihn in jedem Sommer abwarf wie ein Hirsch sein Geweih. Aber endlich stand der Berg wieder wie neu auf der Fensterbank, mit glänzendem Flitter angeschneit, die mächtige Burg mit der Fahne auf den Zinnen und darunter der Stall. Das war eine recht gemütliche Behausung, eine Stube eigentlich, sogar der Herrgottswinkel fehlte nicht und ein winziges ewiges Licht unter dem Kreuz. Unsere Liebe Frau kniete im seidenen Mantel vor der Krippe, auf der Strohschütte lag das rosige Himmelskind, und hinten standen Ochs und Esel und beglotzten das Wunder. Der Ochs bekam sogar ein Büschel Heu ins Maul gesteckt, aber er fraß es ja nie. Und so ist es mit allen Ochsen, sie schauen nur und schauen und begreifen rein gar nichts.

Weil der Vater selber Zimmermann war, hielt er viel darauf, dass auch sein Patron, der Heilige Joseph, nicht nur so herumlehnte, er dachte sich in jedem Jahr ein anderes Geschäft für ihn aus. Joseph musste Holz hacken oder die Suppe kochen oder mit der Laterne die Hirten einweisen, die von überall her gelaufen kamen und Käse mitbrachten oder Brot oder was sonst arme Leute

zu schenken haben. Es hauste freilich ein recht ungleiches Volk in unserer Krippe, ein Jäger, der zwei Wilddiebe am Strick hinter sich herzog, aber auch etliche Zinnsoldaten und der Fürst Bismarck und überhaupt alle Bresthaften aus der Spielzeugkiste. Oben hinter den Zinnen durfte immer mein grüner Frosch aus Seife sitzen. Es war ihm wohl zuzutrauen, dass er ein paar Wochen lang nicht quaken, sondern bellen würde wie ein braves Hündchen. Ganz zuletzt kam der Augenblick, auf den ich schon tagelang gelauert hatte. Der Vater klemmte plötzlich meine Schwester zwischen die Knie, und ich durfte ihr das längste Haar aus dem Zopf ziehen. Dann wurde ein golden gefiederter Engel daran geknüpft und über der Krippe aufgehängt, damit er sich unmerklich drehte und wachsam umherblickte.

Das Gloria sangen wir selber dazu. Es klang vielleicht ein bisschen grob in unserer breiten Mundart, aber Gott schaut seinen Kindern ins Herz und nicht auf den Kopf oder aufs Maul. Und es ist auch gar nicht so, dass er etwa nur Latein verstünde.

Advent, sagt man, sei die stillste Zeit im Jahre. Aber in meinem Bubenalter war es keinesfalls die stillste Zeit. Zu Anfang Dezember, in den unheimlichen Tagen, während Sankt Nikolaus mit dem Klaubauf unterwegs war, wurde ich in den Wald geschickt, um den Christbaum zu holen. Mit Axt und Säge zog ich aus, von Mutter bis zum Hals in Wolle gewickelt und mit einem geweihten Pfennig versehen, damit mich ein heiliger Nothelfer finden konnte, wenn ich mich etwa verirrte. Ein Wunder von einem Baum stand mir vor Augen, mannshoch und sehr dicht beastet, denn er sollte nachher ja auch etwas tragen können. Stundenlang kroch ich im Unterholz herum, aber ein Baum im Wald sieht sich anders an als in einer Stube. Wenn ich meine Beute endlich daheim in die Waschküche schleppte, hatte sich das schlanke, pfeilgerade Stämmchen doch wieder in ein krummes und kümmerliches Gewächs verwandelt, auch der Vater betrachtete es mit Sorge. Er musste seine ganze Zimmermannskraft aufwenden, um das Ärgste zurechtzubiegen, ehe uns die Mutter dazwischenkam.

Ach, die Mutter! In diesen Wochen lief sie mit hochroten Wangen herum, wie mit Sprengpulver geladen, und die Luft in der Küche war sozusagen geschwängert mit Ohrfeigen. Dabei roch die Mutter so unbeschreiblich gut, überhaupt ist ja der Advent die Zeit der köstlichen Gerüche. Es duftet nach Wachslichtern, nach angesengtem Reisig, nach Weihrauch und Bratäpfeln. Ich sage ja nichts gegen Lavendel und Rosenwasser, aber Vanille riecht doch eigentlich viel besser, oder Zimt und Mandeln.

Mich ereilten dann die qualvollen Stunden des Teigrührens. Vier Vaterunser das Fett, drei die Eier, ein ganzer Rosenkranz für Zucker und Mehl. Die Mutter hatte die Gewohnheit, alles Zeitliche in ihrer Kochkunst nach Vaterunsern zu bemessen, aber die müssten laut und sorgfältig gebetet werden, damit ich keine Gelegenheit fände, den Finger in den köstlichen Teig zu tauchen. Wenn ich nur erst den Bubenstrümpfen entwachsen wäre, schwor ich mir damals, dann wollte ich eine ganze Schüssel voll Kuchenteig aufessen, und die Köchin sollte beim geheizten Ofen stehen und mir dabei zuschauen müssen! Aber leider, das ist einer von den Knabenträumen geblieben, die sich nie erfüllt haben.

Am Abend nach dem Essen wurde der Schmuck für den Christbaum erzeugt. Auch das war ein unheilschwangeres Geschäft. Damals konnte man noch ein Buch echten Blattgoldes für ein paar Kreuzer beim Krämer kaufen. Aber nun galt es, Nüsse in Leimwasser zu tauchen und ein hauchdünnes Goldhäutchen herumzublasen. Das Schwierige bei der Sache war, dass man vorher nirgendwo Luft von sich geben durfte. Wir saßen alle in der Runde und liefen blaurot an vor Atemnot, und dann geschah es eben doch, dass jemand plötzlich niesen musste. Im gleichen Augenblick segelte eine Wolke von glänzenden Schmetterlingen durch die Stube. Einerlei, wer den Zauber verschuldet hatte, das Kopfstück bekam jedenfalls ich, obwohl es nur bewirkte, dass sich der goldene Unsegen von neuem in die Lüfte hob. Ich wurde dann in die Schlafkammer verbannt und musste Silberpapier um Lebkuchen wickeln.

Es kam endlich doch der Heilige Abend, und mit ihm die letzte der Prüfungen, das Bad in der Küche. Das fing ganz harmlos an, ich saß im Zuber wie ein gebrühtes Schweinchen und plätscherte verschämt mit dem Wasser, in der Hoffnung, dass ich nun doch schon groß genug sei, um der Schande des Gewaschenwerdens zu entgehen. Aber plötzlich fiel die Mutter mit der Reisbürste über mich her, es half nichts, kein Gezeter und Gespreize. Erst in der äußersten Not erbarmte sich der Vater und nahm ein bis zur Unkenntlichkeit entstelltes, durchscheinendes Geschöpf in seine Arme. Da war sie nun wirklich, die stillste Zeit im Jahr, wirklich Stille und Friede und köstliche Geborgenheit an seiner breiten Brust. Später, wenn die Kerzen am Baum längst erloschen waren, um die Mitternacht, durfte ich die Mutter zur Mette begleiten. Ich weiß noch gut, wie stolz ich war, als sie mich zum ersten Mal nicht mehr an der Hand führte, sondern neben sich hergehen ließ als ihren Sohn und Beschützer. Auch in der Kirche kniete ich nun auf der Männerseite. Die Frauen sangen auf dem Chor, und der Pfarrer am Altar hielt eine Weile inne, um das Weihnachtslied anzuhören, diese holde Weise von der stillen Nacht, die schon so lang, über Grenzen und Zeiten hinaus, das Gemüt der Menschen bewegt.

Und wir Heutigen? Leben wir nicht auch in einer Weltzeit des Advent? Scheint uns nicht alles von der aufkommenden Finsternis bedroht zu werden, das karge Glück unseres Daseins? Wir warten bang auf den Engel mit der Botschaft des Friedens und überhören so leicht, dass diese Botschaft nur denen gilt, die guten Willens sind. Es ist keine Hilfe und keine Zuflucht bei der Weisheit der Weisen und bei der Macht der Mächtigen. Denn der Herr kam nicht zur Welt, damit die Menschen weiser, sondern damit sie gütiger würden. Und darum sind es allein die Kräfte des Herzens, die uns vielleicht noch werden retten können.

Vom ersten Adventskranz

oder: Als der erste Adventskranz entstand

Es ist ein kalter Winterabend im Jahre 1844. Durch die Gassen Hamburgs pfeift ein eisiger Wind. Der junge Pastor JOHANN HINRICH WICHERN schlägt den Mantelkragen hoch. Er sucht in den Gassen nach hungernden und bettelnden Kindern. – Hier und da sieht er hinter den Eisblumen an den Fenstern eine Kerze flackern. Anheimelnd dringt das Licht in die Dunkelheit hinaus. So mancher Bettler, der frierend in einem Hauseingang hockt, mag einen Funken Hoffnung durch den Kerzenschein verspüren.

Der junge Pastor denkt da an die vielen Waisenkinder, denen er im „Rauhen Haus" in Hamburg eine Zuflucht geschaffen hat. Statt zu betteln und zu stehlen, finden die Kinder einen geschützten Platz, an dem sie essen, schlafen und sogar einen Beruf erlernen können.

„Ich will den Kindern in der Adventszeit eine sichtbare Freude schenken!", denkt WICHERN. Es ist in seinem Hause Brauch, dass an den Adventsabenden eine Andacht gehalten wird.

Der junge Pastor lässt in der Halle einen großen Holzkranz an einem Kronleuchter aufhängen. Er befestigt 24 Kerzen daran. Jeden Abend in der Adventszeit wird während der Andacht eine Kerze angezündet. Die Waisenkinder umwickeln den hölzernen Kranz mit Tannengrün und schmücken ihn mit roten Schleifen. – So ist vor über 150 Jahren der erste Adventskranz entstanden.

Adventskranz

Einen schönen Adventskranz kann man alle Jahre neu gestalten, wenn man sich im Fachhandel nach neuen Schmuckelementen umsieht. Hier ein Vorschlag:

Das wird gebraucht
Styroporkranz (25 cm Ø), Plattenmoos, 10 Baumpilze, 2 Tannenzweige, 4 Kerzen (70 x 50 mm), Band (4 cm, in Rot und Silber, 2,50 m), 4 Deko-Päckchen in Silber, Engelshaar in Silber, Phalanopsisblütenstiel mit Silber oder 4 einzelne Blüten; Steckdraht (1,8 mm Ø), Stützdraht (0,7 mm Ø), Heißkleber.

So wird's gemacht
Die Baumpilze mit Heißkleber auf den Styroporkranz kleben. Dabei den Kleber zuerst auf den Pilzen auftragen, da er für den Styropor zu heiß sein kann; gegebenenfalls etwas warten. Das Plattenmoos in die Zwischenräume kleben. – Die Tanne teilen und die Enden in den Kranz stecken. Alle Tannen in einer Richtung auf dem Kranz anordnen. Das Engelshaar über dem Kranz verteilen. – Die Kerzen andrahten und gleichmäßig in den Kranz stecken. Vier Schleifen binden und unterhalb der Kerzen anbringen. Die Blüten und Päckchen rechts und links neben die Kerzen stecken.

Adventskalender

Engel suchen

Das wird gebraucht

Tonkarton in Hautfarbe, Wellpapier mit Sternchen in Grün, Rot, Blau und Weiß, Goldglanzkarton, Stoff in Gold, Goldkordel, Wäscheklammern, Engelshaar. – Schwarzer Filzstift, roter Buntstift, Deckweiß, Nähgarn, Aufhängefaden, Schere, Cutter, Klebstoff, Nähnadel oder Nähmaschine, dünner Pinsel.

So wird's gemacht

Alle Teile aufzeichnen und ausschneiden. Flügel und Füße auf der Rückseite des Kleides ankleben. Dem Engel mit Filzstift Augen, Mund und Nase, mit Buntstift Bäckchen malen. Etwas Deckweiß in die Augen tupfen. Den Kopf anbringen und Engelshaar aufkleben. Mit Filzstift eine Zahl auf einen der Flügel schreiben. Aus einem 20 x 13 cm großen Stück Goldstoff ein einfaches Säckchen nähen: den Stoff in der Mitte umklappen, dann unten und seitlich zusammennähen. Das Säckchen wenden. Eine kleine Überraschung in den Sack füllen und mit einer Goldkordel verschließen. Das Säckchen mit einer Wäscheklammer unterhalb eines Flügels am Kleid feststecken.

Zum Schluss am Kopf des Engels einen Aufhängefaden anbringen.

Suchspiel

Die 24 Engel in kleinen Grüppchen in der Wohnung verteilen. Als adventliches Suchspiel muss nun jeden Morgen der Engel mit dem entsprechenden Tagesdatum entdeckt werden.

Adventskekse

Das wird gebraucht
500 g Mehl, 200 g Butter, 200 g Zucker, 2 Päckchen Vanillezucker, 1 Päckchen Backpulver, 1 Messerspitze Salz, 2 Eier, 2 Esslöffel saure Sahne.

So wird's gemacht
Alle Zutaten zu einem Teig verarbeiten, etwa 2 Stunden im Kühlschrank kalt stellen. Den Teig in etwa 3 Portionen teilen und auf bemehlter Arbeitsfläche dünn ausrollen.
Mit Ausstechförmchen Figuren ausstechen: Sterne, Monde, Nikolausfiguren, Engel. Figuren vorsichtig auf das Backblech legen, im vorgeheizten Backofen etwa 10–15 Minuten bei 160° backen.
Nach dem Auskühlen die Adventskekse mit Zuckerguss bestreichen oder mit Zuckerschriftfarbe, Lakritzstangen, Smarties ... verzieren.

Weihnachtsmarkt in Saverne.

Adventskalender

Pinguine und Eisberge

Das wird gebraucht

6 leere Toilettenpapierrollen, 12 kleine Pappschachteln, Tonpapier in Schwarz, Weiß und Türkis, Tonkarton in Schwarz, Gelb und Weiß, Krepppapier in Rot. – Schwarzer Filzstift, Goldkordel, Lochzange, Schere und Cutter, Klebstoff.

So wird's gemacht

12 kleine Schachteln füllen und mit weißem Papier einpacken. Sterne auf die Päckchen kleben und beschriften. Sechs Toilettenpapierrollen halbieren und mit schwarzem Tonpapier (16 x 5 cm) umkleben. Für jeden Pinguin einen 8 x 16 cm großen Streifen rotes Krepppapier außen an der oberen Kante der Rolle ankleben. Einen 1 cm breiten Besatz aus Tonpapier fixieren. Formen für Flügel, Schnabel, Augen und Füße aufzeichnen und ausschneiden. Weiße Augenkreise mit Pupillen bemalen. Schnabel, Augen und Flügel ankleben. Den Pinguin auf den Füßen fixieren. In weiße Tonkartonkreise ein Loch stanzen und mit einer Zahl beschriften. Auf ein Stück Goldkordel ziehen; damit die Mützen zubinden. Vorher eine kleine Überraschung in die Pinguine stecken!

Im Zeichen der Geheimnisse und Wünsche

Sankt Nikolaus

Nikolaus von Myra

Nikolaus ist wahrscheinlich in der ersten Hälfte des 4. Jahrhunderts Bischof in der Hafenstadt Myra (Kleinasien) gewesen. Ein Kranz von liebenswerten Legenden rankt sich um sein Leben. Er gilt als gütiger Wundertäter und als Schutzpatron unterschiedlicher Berufsgruppen. So haben durch viele Jahrhunderte Reisende und Pilger, Fischer und Bäcker, Chorsänger, Schneider und Seeleute in vielerlei Anliegen um seinen Schutz gebeten.
Nikolaus, dem Schutzherrn der Seeleute, wurden an vielen Küsten und Wasserstraßen Kirchen und Kapellen ihm zu Ehren errichtet. Es gibt kaum eine Hafenstadt, in der eine Kirche nicht seinen Namen trägt.
Der heilige Nikolaus hatte – so erzählen manche Legenden – in besonderer Weise ein Herz für Kinder, ein Herz für das Volk. Letzteres bezeugt auch sein Name: „Nicae“ heißt „Sieg“ – „laós“ (griechisch) bedeutet „Volk“. Der Name Nikolaus heißt also „Sieger des Volkes“.
Nikolaus wächst im Glauben an Jesus Christus auf. Er erbt von seinen Eltern einen reichen Besitz, behält das Geld aber nicht für sich, sondern schenkt es armen und in Not geratenen Menschen. Davon erzählen viele Legenden.
In bis heute beliebten Bräuchen, Nikolausspielen und -liedern wird die Gestalt des heiligen Nikolaus jedes Jahr wieder lebendig.

Gérard David (um 1460-1523): Das Jungfrauenmirakel des hl. Nikolaus, um 1500/1510. Edinburgh, National Gallery of Scotland.

Weihnachtsmann oder Nikolaus?

Der Weihnachtsmann, der mit roter Mütze, weitem Mantel und Rauschebart während der Weihnachtszeit in Kaufhäusern, als Reklamefigur in vielen Schaufenstern, im Fernsehen und auf Weihnachtsmärkten zu sehen ist, beschäftigt wie eine Art Märchengestalt jedes Jahr von neuem die Fantasie der Kinder.

Vielerorts kommt der Weihnachtsmann in Familien – meist als verkleideter Vater oder Freund der Familie – am Heiligabend polternd die Treppe herauf und leert seinen Gabensack aus. In Norddeutschland, bei den Angelsachsen, den Holländern und in Amerika hat sich die Gestalt des Bischofs von Myra – im 4. Jahrhundert Bischof der Hafenstadt Myra (Kleinasien) – zum Ruten schwingenden, mahnenden und strafenden, aber auch Geschenke bringenden „Boten des Christkindes“ gewandelt. Diese säkularisierte, vom Kommerz bestimmte Figur hat nicht mehr viel mit dem gütigen Wohltäter zu tun, der nach der Überlieferung und Legende viele Menschen aus Not und Lebensgefahr rettete: Er half Menschen in der Hungersnot, rettete Seeleute aus Sturmgefahr und warf einer verarmten Familie bei Nacht Goldstücke durchs Fenster. Als gütiger Nothelfer kennt und verehrt man ihn auch heute noch zum Beispiel als Patron der Kinder, Schüler, Seefahrer. Wie schön kann es sein, in den Adventstagen den Kindern diese

Legenden, die sich um Sankt Nikolaus ranken, nahe zu bringen – erzählend, spielend, singend und bastelnd.
Wer kennt sie nicht, die Romane und Bildwelten aus dem Reich der Seele und der Fantasie? „Momo“ – „Die unendliche Geschichte“ – „Sophies Welt“ oder „Harry Potter“: Da ist etwas, was uns fasziniert, auf sonderbare Weise unmittelbar anspricht, aus dem Reich der Seele, des sonst Zu-kurz-Gekommenen. Wenn's dann ums Religiöse geht, wird so mancher aber „vernünftig“: Viele Kinder sind nicht weniger fasziniert von der Vorstellung, dass Engel oder das Christkind in der Nacht heimlich ins Wohnzimmer schweben und Geschenke bringen. Warum denn nicht? Kinder haben noch Verbindung zum Geheimnis, zu all dem, was Erwachsene nicht (mehr) sehen. Genau dies ist ja auch ein Thema des Regisseurs Wim Wenders in seinem großartigen Film „Der Himmel über Berlin“ oder in dem anderen Film „Stadt der Engel“.
Neben all den geheimnisvollen Bildern, die in der Weihnachtszeit die Fantasie der Kinder bewegen, wäre es schön, sie auch mit der bildreichen biblischen Weihnachtsgeschichte, der weihnachtlichen Botschaft von Betlehem mit Engel und Hirten, Kind und Krippe, dem Stall und Ochs und Esel, den Weisen aus dem Morgenland vertraut zu machen: ein Schatz für das Bilderreich der Seele.

Stiefel, Schuhe, Strümpfe ...

„Morgen kommt der Nikolaus! Stellt die Stiefel vor die Tür!“ Oder: „Hängt die dicken Strümpfe an den Kamin!“ Kinder in vielen Ländern der Welt setzen darauf, dass Nikolaus, der gute Mann aus Myra, in der Nacht vom 5. zum 6. Dezember Schuhe und Strümpfe mit guten Gaben füllt.
Woher stammt eigentlich der Brauch, Schuhe und Strümpfe für den fleißigen Gabenbringer vor die Tür oder aufs Fensterbrett zu stellen? Die Vorstellung, der Fuß – stellvertretend dafür Schuhe und Strümpfe – bringe Glück, Freude und Segen, ist uralt. In vorchristlicher Zeit nahm man an, dass der Mond starken Einfluss auf die Fruchtbarkeit der Felder habe. Die Form der Pferdehufe ähnelt der Sichel des Mondes. So schrieb man auch dem Fußabdruck der Pferde (also auch dem Hufeisen) Heil bringende Kräfte zu. Noch heute gilt das Hufeisen als ein Glücksbringer.
So ist auch die Hufeisenform der Martinshörnchen, die zu Sankt Martin gegessen werden, im Zusammenhang mit diesem alten Volksglauben zu sehen.
Die Vorstellung, dass der Mond bestimmte Kräfte auf Erde und Menschen ausübt, wird übrigens auch in unsrer Zeit wieder aufgegriffen. Es gibt auf dem Büchermarkt viele Neuerscheinungen, die die Kraft des Mondes auf Pflanzen und Menschen beschreiben (siehe der weithin bekannte „Mondkalender“).
Weihnachtsmann und Nikolaus haben in verschiedenen Ländern andere Namen. In Italien heißt er „Babbo Natale“, in Polen „Swiety Mikolay“, in Schweden „Jultornte“, in Finnland „Joulupukki“, in England und Amerika „Father Christmas“ oder „Santa Claus“ und in Frankreich „Papa Noël“.

Nikolaus, der Wundertäter

Russisches Volksmärchen

Es waren einmal zwei Brüder, der eine war reich und der andere arm. Der Arme hatte eine große Familie, und zu essen gab es nichts mehr. Da ging er zum Bruder und bat ihn um Mehl, doch der schlug es ihm ab. Der Arme nahm ein Bild von Nikolaus dem Wundertäter und brachte es dem Reichen als Pfand. Der Bruder traute ihm nicht und fragte: „Wer wird für dich bürgen?“ Da antwortete das Heiligenbild: „Ich bürge für ihn.“ Der Reiche verwunderte sich darüber, nahm aber das Bild an und gab dafür einen Sack Mehl.

Ein Jahr verging, ein zweites und ein drittes, aber der Arme zahlte dem Bruder die Schuld nicht zurück. „Welch ein Betrüger ist doch der Heilige!“, dachte der Bruder, „und dabei hat er noch gesagt, er verbürge sich.“ Er nahm das Heiligenbild, brach Ruten ab und trug das Bild hinaus auf das Feld, um es dort zu verprügeln.

Unterwegs begegnete ihm ein Kaufmannssohn und fragte, wohin er das Bild trage. Der Reiche erklärte es ihm. Da bat jener, er möge ihm den wundertätigen Nikolaus verkaufen, gab zwei Sack Mehl für ihn und trug ihn heim. Seine Mutter lobte ihn für die gute Tat, und sie hängte das Bild auf.

Zu dieser Zeit musste der Kaufmann mit seinen Schiffen in ein anderes Zarenreich fahren; drei seiner Onkel hatten sich schon mit ihren Waren auf die Reise gemacht und nicht auf ihn gewartet. Da wollte er einen Aufseher in seinen Dienst nehmen und fand auch einen. Die Mutter schenkte dem Aufseher ein Ei und sagte, er solle es zusammen mit ihrem Sohn verspeisen. Jener schnitt das Ei in die Hälfte, aber die größere nahm er für sich, die kleinere gab er dem Hausherrn. Da befahl die Mutter, diesen Mann laufen zu lassen, und sagte: „Er sorgt mehr für sich als für seinen Herrn.“ Der Kaufmann suchte nun so lange einen Aufseher, bis er einen solchen fand, der die größere Hälfte vom Ei seinem Herrn gab und die kleinere für sich selber nahm.

Sie machten sich dann auf und fuhren ab. Auf dem Meer kamen sie an einer Insel vorbei, und auf der Insel erblickten sie einen alten Mann, der sie bat, ihn auf ihr Schiff hinüberzuholen, und das taten sie dann auch. Hernach fuhren sie ins fremde Zarenreich und trieben einen so glücklichen Handel, dass sie das Geld nicht mehr zu zählen vermochten.

Der Zar in diesem Land hatte eine Tochter; die war einmal in ihrer Kindheit von ihm verflucht worden. Sie starb darauf und lag schon lange in der Kirche im Sarg. Jede Nacht gingen die Leute einer nach dem andern zu ihr, den Psalter zu lesen, und alle fraß sie auf. So kam auch die Reihe an einen der Onkel des Kaufmannssohnes. Was sollte er tun? Sterben wollte er nicht, aber fortbleiben durfte er nicht.

Da bat er den Neffen, für ihn zu wachen. Der ging aber vorher zum Alten und holte sich Rat, und der Alte sagte ihm, er solle dafür von dem Onkel zwei Schiffe mit Waren verlangen, gab ihm auch ein Buch und ein Stück Kohle und befahl ihm, sich in der Kirche nicht umzuschauen.

Der Neffe tat, wie er ihm geraten hatte, las in der Nacht den Psalter am Lesepult in der Kirche und zeichnete um sich herum mit der Kohle einen Kreis.

Um Mitternacht aber stieg die Zarentochter aus dem Grab und fing an, mit den Zähnen zu knirschen. „Ha! jetzt bist du mir verfallen!" Doch sie konnte auf keine Art in den aufgezeichneten Kreis hineingelangen. Sie wand sich und mühte sich, bis ihre Zeit herum war und sie dort am Kreis niederfiel. Der Neffe aber las immerzu.

Am Morgen hob er die Zarentochter auf, legte sie zurück in den Sarg und ging selber nach Hause. Sie alle, das Volk und der Zar, staunten, dass er am Leben geblieben war. Der Onkel jedoch wollte ihm zwei Schiffe geben. Die Waren gingen rasch ab, und Geld hatte er nun scheffelweise.

In der nächsten Nacht kam die Reihe an den zweiten Onkel, in der übernächsten an den dritten. Der Neffe nahm von ihnen je zwei Schiffe und wachte, ohne dass er zu Schaden kam.

Endlich, in der dritten Nacht, musste er für sich selber Wache halten. Da gab ihm der Alte drei eiserne, drei kupferne und drei stählerne Ruten und sprach zu ihm: „Zwing sie, ein Vaterunser zu beten, und sobald sie ins Stocken gerät, schlage sie mit den Ruten."

Der Kaufmannssohn ging zur Nacht in die Kirche, zeichnete den Kreis um sich herum und las. Um Mitternacht sprang die Zarentochter aus dem Grabe und fing an zu wüten, noch ärger als in den ersten drei Nächten. Sie hatte mit einem Mal Ofenkrücken in den Händen und zerrte ihn damit fast aus dem Kreise heraus; rundherum aber tobten zahllose Teufel und machten fürchterlichen Lärm.

Endlich blieb die Zarentochter ganz ermattet stehen, aber fiel nicht um. Da zwang sie der Kaufmannssohn, das Vaterunser zu beten. Und wie sie nun anfing und dann stecken blieb, schlug er mit den eisernen Ruten auf sie ein. Danach musste sie aber weiterbeten, kam bis zur Hälfte und stockte abermals; da schlug er sie aufs Neue mit den kupfernen Ruten. Und wieder zwang er sie weiterzubeten; und sie war noch nicht zu Ende gelangt, als sie nochmals ins Stocken geriet: Da schlug er sie mit den stählernen Ruten. Dann las sie jedoch richtig bis zum Schluss.

Der Morgen war schon angebrochen, und vor den Türen fragten die Leute einander: „Lebt er wohl noch?" Und als sie zwei Stimmen hörten, wunderten sie sich: „Was soll das bedeuten?" Sie öffneten die Tür und sahen den Kaufmannssohn und die Zarentochter beieinander. Gleich meldeten sie's dem Zaren. Der freute sich darüber sehr und gab dem Kaufmannssohn seine Tochter zur Frau. Die Waren hatten sie inzwischen verkauft, und es war Zeit heimzukehren. Der Alte aber sagte dem Kaufmannssohn, dass er seiner Frau des Nachts nicht eher beiwohnen sollte, bis er es ihm erlauben würde.

Nikolaus verhindert die Hinrichtung von drei Edelleuten, die vom kaiserlichen Statthalter in Myra fälschlich angeklagt waren. Tafelgemälde von Fra Angelico (um 1387 – 1455). Perugia, Pinacoteca Nazionale.

Sie fuhren nun auf ihren Schiffen und kamen zu jener Insel. Da sprach der Alte: „Jetzt wollen wir unsern Verdienst teilen." Sie legten ihre Millionen auf zwei Hälften, und dann sollte auch die Frau geteilt werden.

Der Jüngling betrübte sich gar sehr, aber es war nichts zu machen, so hatten sie es vorher verabredet, und er willigte schließlich ein. Der Alte nahm einen Säbel und hieb die Zarentochter in zwei Hälften: Da krochen aus ihrem Leibe allerhand Ungeziefer und Schlangen; das waren aber alles Teufel. Der Alte reinigte den Leib und besprengte ihn mit Wasser, da wuchs er zusammen, und die Zarentochter ward wieder lebendig.

„Hier hast du deine wahre Frau", sprach der Alte, „leb du mit ihr und nimm alles Geld, ich bedarf dessen nicht." Nur drei Kopeken nahm er mit sich, und dann verschwand er plötzlich, keine Spur war mehr von ihm zu sehn. Dem Kaufmannssohn war es leid um den Alten, er hatte ihn lieb gewonnen wie einen Vater, aber da ließ sich nichts tun, und er reiste heim. Zu Hause erzählte er der Mutter von ihm, berichtete, was ihm begegnet war, und bedauerte den Alten. Die Mutter aber sprach zu ihm: „Warum dachtest du nicht an den wundertätigen Nikolaus? Hättest du ihm doch vorher eine Kerze geweiht."

Da besann er sich darauf und ging zu dem Heiligenbild, dort brannte aber schon eine Kerze für drei Kopeken. Sie fragten herum, wer sie wohl gestiftet habe; denn der Heilige hätte eine für einen Rubel haben sollen, doch niemand bekannte sich dazu. Da erriet er, dass der Alte der heilige Nikolaus, der Wundertäter, gewesen war und für jene drei Kopeken sich selbst eine Kerze aufgestellt hatte. Sie ließen die Kerze brennen, und mit all dem Gut, das sie erworben hatten, lebten sie glücklich und zufrieden.

Lasst uns froh und munter sein!

4. Wenn ich aufgestanden bin,
Lauf ich schnell zum Teller hin…

5. Niklaus ist ein guter Mann,
dem man nicht g'nug danken kann…

Christkind und Weihnachtsmann

Das Brauchtum

In der Reformationszeit wurden in protestantischen Ländern die Heiligen und mit ihnen Sankt Nikolaus abgeschafft. Martin Luther wollte den Nikolaus durch den „heiligen Christ“ ersetzen. Das „Christkind“ sollte statt des Nikolaus die Gaben bringen. Das „Christkind“ war aber nicht als das Jesuskind in der Krippe anzusehen.

Aus dem norddeutschen Raum ist überliefert, dass bei Krippenspielen die Engelsgestalten von einem „Christkinde“ angeführt wurden.

Es war Brauch, dass das „Christkind“, das die Gaben brachte, mit dem Klingeln eines Glöckchens eingeläutet wurde.

Im 19. Jahrhundert wurde in Norddeutschland das Christkind durch den „Weihnachtsmann“ verdrängt.

Der Maler Moritz von Schwind malte im Jahre 1847 eine Bilderfolge über den „Herrn Winter“. Der trug hohe Stiefel, einen weiten, kapuzenartigen Mantel, einen langen weißen Bart und ein Tannenbäumchen unter dem Arm. Die Figur des Weihnachtsmanns ist sicher durch das bekannte Lied von Hofmann v. Fallersleben „Lied vom Weihnachtsmann“ (1835) beeinflusst. So trat im nord-, mittel- und süddeutschen Raum statt des Nikolaus der Weihnachtsmann als Gabenbringer auf. In den katholischen Gegenden Süddeutschlands, des Rheinlands, Österreichs und der Schweiz behaupteten sich der heilige Nikolaus und das Christkind als weihnachtliche Boten. Allerdings gewann der „Weihnachtsmann“ durch das reiche Angebot in den Medien und Kaufhäusern auch in Süddeutschland mehr und mehr an Einfluss.

Weihnachtsmann und Christkind. Holzstich von L. Fröhlich (1849). Berlin, Bildarchiv Preußischer Kulturbesitz.

Sankt Nikolaus und die Kornschiffe

Nikolausgeschichte

Corinna und Florian stehen am Fenster und warten ungeduldig auf den Nikolaus. „Es schneit und schneit“, sagt Corinna. „Ich glaube, der Nikolaus ist mit seinem Schlitten stecken geblieben.“
Der Vater lacht. „Der Nikolaus hat so viele Kinder zu besuchen. Es dauert sicher noch ein Weilchen, bis er zu uns kommt. Der Arme muss durch Schnee und Eis stapfen, seine Ohren werden ganz rot sein vor Kälte.“
„Bei uns kann er sich aufwärmen“, sagt Florian. „Vati, darf ich die Kerzen auf der Fensterbank anzünden? Dann findet er den Weg zu uns besser.“
„Und die Heizung können wir auch ein bisschen mehr aufdrehen“, meint Corinna.
„In dem Land, in dem der heilige Nikolaus gelebt hat, war es meist ziemlich warm. Er war ja Bischof der Hafenstadt Myra in Kleinasien. Die liegt in dem Land, das wir heute Türkei nennen“, erklärt der Vater. „Kommt, wir setzen uns an den Tisch und zünden die Kerzen am Adventskranz an. Dann erzähle ich euch die Geschichte vom heiligen Nikolaus und den Kornschiffen:

Viele Monate hatte die Sonne vom Himmel gebrannt. Das Laub vertrocknete an den Zweigen, das Gras auf den Wiesen verdorrte, die Brunnen waren leer. Das Vieh auf den Weiden brüllte vor Hunger und Durst. Die Bauern hatten schon lange kein Korn mehr geerntet, und die Mühlenflügel standen still. Die Kinder bettelten um Brot.
Der Bischof Nikolaus war bekümmert über die Not der Menschen. ‚Wir wollen Gott um Hilfe bitten‘, sagte er. ‚Vielleicht schickt er uns Regenwolken!‘
Aber vergeblich blickten die Menschen zum Himmel. Keine Wolke war zu sehen, nur ein heißer Wind fegte vom Meer her über das verdorrte Land.
Der Wind wurde stärker und stärker. Schließlich tobte ein mächtiger Sturm. Da erblickten einige Kinder Segel weit draußen auf dem Meer.
‚Das sind Kornschiffe!‘, rief der älteste Junge, ‚ich erkenne sie an dem breiten Schiffsrumpf. Sie kommen bestimmt von Alexandria und suchen in unserem Hafen Schutz vor dem Sturm.‘
Näher und näher kamen die vollbeladenen Schiffe, und immer mehr Menschen liefen zum Hafen hinunter. Aufgeregt schrien die durcheinander: ‚Seht, bis zum Rand sind die Schiffe vollgeladen mit Kornsäcken!‘
Als die Schiffe im Hafen waren, erschien auch der Bischof Nikolaus. ‚Gott hat eure Schiffe vor dem Sturm gerettet!‘, rief der den Menschen auf den Schiffen zu. ‚Dankt ihm dafür und gebt aus jedem Schiff hundert Maß Frauzen. Damit rettet ihr die Stadt Myra vor dem Hungertod.‘

Aber der Kapitän wehrte ab. ‚Die Schiffsladung ist in Alexandria gewogen worden', sagte er, ‚und wenn ich nicht alles bis auf den letzten Sack Korn in Konstantinopel abliefere, wird mir der Kaiser den Kopf abschlagen!'
‚Helft uns!', bat der Bischof Nikolaus. ‚Hat nicht Jesus mit fünf Broten und zwei Fischen den Hunger vieler Menschen gestillt? Und doch sind danach noch zwei Körbe Brot übrig geblieben. – Glaubt mir, ihr werdet mit der gleichen Ladung heimkehren, auch wenn ihr uns von eurer Fracht abgebt.'
Der Kapitän überlegte eine Weile. ‚Seht her', sagte er, ‚ich werde einen Kreidestrich an die Planken malen, genau dort, wo das Wasser den Rumpf des Schiffes berührt. Ihr dürft so viele Säcke vom Schiff tragen, wie ihr braucht. Wenn aber das Schiff nur ein bisschen leichter wird und höher aus dem Wasser steigt, müsst ihr alles wieder zurücktragen!'
‚Vertraut meinem Wort!', sagte der Bischof Nikolaus, ‚es wird euch kein Körnchen Weizen fehlen!'
Voller Hoffnung sahen die Menschen von Myra zu, wie Kornsack um Kornsack abgeladen wurde. Aber das Schiff stieg nicht höher aus dem Wasser. Der Wasserspiegel berührte noch immer den Kreidestrich.
Der Kapitän des Schiffes und die Matrosen konnten das Wunder kaum fassen. ‚Habt Dank!', rief der Bischof Nikolaus. ‚Ihr habt uns vor dem Hungertod gerettet!'
Da zogen Regenwolken am Horizont auf. ‚Schnell, schafft die Säcke in die Scheunen!', rief der Bischof. ‚Und dankt Gott, dass er uns in größter Not geholfen hat!'"

„Das war eine lange Geschichte", sagte Florian. „Ich kann ihn mir richtig gut vorstellen, den Bischof Nikolaus mit den vielen Säcken Korn um sich herum." Corinna lacht: „Aber heute steckt in seinen Säcken bestimmt noch was anderes ..."
Bum – bum!, macht es auf einmal an der Tür. Corinna und Florian springen auf. „Nun hat der Nikolaus unser Haus doch noch gefunden", flüstert Florian.

Das Kornwunder des hl. Nikolaus während der Hungersnot in Myra und die Rettung eines Schiffes aus Seenot. Detail des Tafelgemäldes auf einer Pedrella von Fra Angelico (um 1387 – 1455). Rom, Pinacoteca Vaticana.

Goldene Äpfel am Nikolaustag

Heute gibt's in der Kindergruppe ein Geschiebe und Gedränge. Die Kinder zeigen ganz aufgeregt, was sie alles in ihrem Schuh gefunden haben. „Guck mal!“, ruft Martina, „ich habe ein kleines Tierquartett und einen Marienkäfer mit Anspitzer dran.“ Corinna hat einen kleinen süßen Engel für ihren Setzkasten bekommen. Mit hellgrünen Punkten auf den weißen Flügeln. „Der war ganz teuer!“, sagt sie.

Nikolaus wirft heimlich einen Sack mit Gold als Aussteuer für die drei Töchter eines verarmten Nachbarn durchs Fenster. Gemälde auf einer Pedrella von Fra Angelico (um 1387 – 1455). Rom, Pinacoteca Vaticana.

„Ist das so einer mit nackigem Po?“, fragt Petra. „Davon hat meine Mutter ein ganzes Engelsorchester. Süß, aber spielen darf ich nicht damit. Da find ich meinen Knautschbären besser. Damit kann ich wenigstens rumtoben.“
Sara und Anne haben etwas „Nützliches“ bekommen, nämlich warme gestrickte Handschuhe. Sara findet „unnütze Sachen“ viel besser: die Buntstifte und den kleinen Radierer mit dem Bären drauf. Die waren zum Glück auch noch im Schuh.
Stefan hat neue Fußballbilder und Dinosticker bekommen. „Gut, dass der Nikolaus weiß, dass ich auf Fußball und Dinos stehe“, meint er.
Der kleine Tim hält seine Aufklebebilder mit den Pinguinen hoch. „Na, sehr viel ist das ja nicht“, meint Stefan.
Aber Tim sagt: „Ich find die toll! Weil ich mir doch immer die Pinguine im Zoo angucke. Schade, dass ich nicht ein kleines Pinguinkind zu Hause haben darf.“
„Zu euch vier Kindern noch einen Pinguin“, Stefan grinst. „Meine Mutter würde zu viel kriegen!“
Axel hält eine kleine Taschenlampe hoch. „Damit können wir Räuber und Gendarm spielen“, ruft er. „Frau Neumann, machen wir's nachher ganz dunkel? Das macht Spaß!“
Die Erzieherin runzelt die Stirn. „Räuber und Gendarm am Nikolaustag?“
„Dann wenigstens Hirten auf dem Feld!“, ruft Axel. „Wenn es so richtig schön düster ist auf dem Feld und die Hirten Angst kriegen, dann knips ich die Taschenlampe an! Damit strahl ich dem Engel ins Gesicht. Das sieht sicher toll aus.“
„Das Hirtenspiel üben wir morgen weiter“, sagt Frau Neumann. „Heute wollen wir erst noch einen Brief vom Adventskalender aufmachen.“
Frau Neumann hat einen großen Nikolaus an die Wand gehängt und ringsum 24 Briefe angeheftet. Da stecken Geschichten, Spiele und Lieder drin.

Sie holt zwei Zettel heraus, eine Geschichte und ein Spiel. „Das gehört beides zusammen“, sagt sie. „Nachher spielen wir das Spiel mit den Nikolausbällen.“
„Toll!“, schreit Stefan. „Fußball am Nikolaustag, das hat’s noch nie gegeben.“

Zuerst hören die Kinder die Nikolausgeschichte: „In der Stadt Myra lebte einmal ein sehr armer Mann. Er hatte drei Töchter. Weil sie nichts mehr zu essen hatten, wollte er sie an reiche Kaufleute verkaufen. Sie sollten dort arbeiten und wenigstens etwas zu essen bekommen. Nikolaus hörte davon. Er hatte vom Kaiser goldene Äpfel bekommen. Am Abend schlich er sich verkleidet ans Haus des armen Mannes und warf jeder Tochter einen der kostbaren Äpfel durch das Fenster. Nun brauchten sie nicht mehr zu hungern.“
„Jetzt weiß ich, warum wir auch immer kleine Apfelnikoläuse basteln!“, ruft Anne.
„Und in der Weihnachtszeit Bratäpfel essen“, ergänzt Corinna.
„Vielleicht hängt das damit zusammen“, meint Frau Neumann. Dann stellt sie ein großes Papphaus mit offenen Fenstern und Türen und einer Öffnung oben am Schornstein in die Mitte des Stuhlkreises. Die Kinder müssen mit Tennisbällen, die mit Goldpapier umwickelt sind, in eine Öffnung treffen. Bei jedem Treffer dürfen sie einmal in die Schale mit den Keksen greifen.

„Ich weiß, da soll der arme Mann drin wohnen“, sagt Sara.
„Du merkst aber auch alles“, spöttelt Michael.
Der kleine Tim zupft Frau Neumann ganz vorsichtig am Gürtel. „Darf ich als erster werfen?“, fragt er leise.
„Nein, ich fang an!“, schreit Stefan und will den Kleinen wegdrängen. Aber Frau Neumann legt dem kleinen Tim einen goldglänzenden Ball in die Hand.
„Der Bischof Nikolaus hätte es bestimmt nicht gern gehabt, wenn die Großen so drängeln“, sagt sie.
Schwupp – schon hat Tim den Ball genau oben in den Schornstein hineingeworfen.
„Gut gemacht“, ruft Sara, „Tim darf als erster einen Keks probieren!“
Nacheinander versuchen auch die anderen ihr Glück.
„Du, Anne“, sagt Sara, „wollen wir heute Nachmittag nicht auch so ein tolles Nikolaushaus basteln? Ich hab noch den großen Schuhkarton von meinen neuen Schlittschuhen.“
„O ja, das macht Spaß!“, ruft Anne, „schade, wir haben bloß keine Tennisbälle!“
„Darf ich auch kommen?“, fragt Tim leise. „Ich könnte Tennisbälle von meiner großen Schwester mitbringen. Sie sagt immer, mit den weichen Bällen kann sie keinen Aufschlag mehr üben. Sie hat mir sechs Bälle geschenkt.“
„Kannst gerne kommen“, nickt Sara. „Goldpapier haben wir genug!“
Da strahlt der kleine Tim.

Lieber heil'ger Nikolaus

Lieber heil'ger Nikolaus,
komm doch auch in unser Haus!
Bring uns, was wir hätten gern:
Äpfel, Nüss' und Mandelkern.
Leg in Schuh und Teller ein
lauter Dinge, die uns freu'n.

Lieber heil'ger Nikolaus,
komm doch heut' in unser Haus.
Lehr uns an die Armen denken,
lass uns teilen und verschenken.
Zeig uns, wie man fröhlich gibt,
wie man hilft und wie man liebt.

Lieber heil'ger Nikolaus,
komm doch heut' in jedes Haus.
Alle Kinder, groß und klein,
stimmen dann voll Freude ein:
Gott sei Dank für alle Gaben,
die wir heut' empfangen haben.

Verfasser unbekannt

Knecht Ruprecht

Theodor Storm

Von drauß', vom Walde komm ich her.
Ich muss euch sagen, es weihnachtet sehr!
All überall auf den Tannenspitzen
sah ich goldene Lichtlein blitzen.

Und droben aus dem Himmelstor
sah mit großen Augen das Christkind hervor.
Und wie ich so strolcht durch den finsteren Tann,
da rief's mich mit heller Stimme an:

Knecht Ruprecht, rief es, alter Gesell,
hebe die Beine und spute dich schnell!
Die Kerzen fangen zu brennen an,
das Himmelstor ist aufgetan.

Alt und Junge sollen nun
von der Jagd des Lebens einmal ruhn.
Und morgen flieg ich hinab zur Erden,
denn es soll wieder Weihnachten werden!

Ich sprach: O lieber Herre Christ,
meine Reise fast zu Ende ist.
Ich soll nur noch in diese Stadt,
wo's eitel gute Kinder hat.

Hast denn das Säcklein auch bei dir?
Ich sprach: Das Säcklein, das ist hier,
denn Äpfel, Nuss und Mandelkern
essen fromme Kinder gern.

Hast denn die Rute auch bei dir?
Ich sprach: Die Rute, die ist hier.
Doch für die Kinder nur, die schlechten,
die trifft sie auf den Teil, den rechten.

Christkindlein sprach: So ist es recht.
So geh mit Gott, mein treuer Knecht!
Von drauß', vom Walde komm ich her.
Ich muss euch sagen, es weihnachtet sehr.

Nun sprecht, wie ich's herinnen find:
Sind's gute Kind,
sind's böse Kind?

Nikolausüberraschung

So wird's gemacht

Ihr beklebt eine leere Kaffeedose mit braunem Rupfen oder Sackleinen. Aus Filz- oder Stoffresten schneidet ihr weihnachtliche Figuren aus (z. B. eine Tanne, Sterne, Sternschnuppen, Glocken, Herzen, Nüsse, Engel etc.) und klebt sie ringsherum auf die Dose.

Ihr füllt die Dose mit einer originellen Überraschung: selbst gebackene Kekse, einem selbst gemalten Weihnachtsbild, einer kleinen selbst erfundenen Geschichte oder einem Gedicht, Zaubermurmeln, weihnachtliche Sticker usw.

Dann bindet ihr den Stoff oben mit einer Goldschnur oder einer roten Kordel zusammen.

In einer Kindergruppe kann am Nikolaustag für jedes Kind eine solche Überraschung bereitstehen.

In der Familie könnt ihr für eure Lieben das Geschenk auf den Frühstückstisch oder in den Schuh stellen.

Nikolausgesicht

Das wird gebraucht

Zutaten für 8 Gesichter: 2 Tassen Mehl, 1/2 Tasse Zucker, 1/2 Stück Butter, 1 Teelöffel Backpulver, 1 Päckchen Vanillezucker, 1 Ei.

Zum Verzieren: Rosinen, Mandeln, getrocknete Aprikosen, Puderzucker.

Hilfsmittel: Schüssel, Brett, Backblech, Backpapier, Kuchenheber, Kuchengitter, Sieb, Teelöffel.

Backen: 12–15 Minuten bei 190°.

So wird's gemacht

Zuerst Mehl, Zucker, Vanillezucker, Backpulver und die Butter in eine Backschüssel geben. Zum Schluss noch ein Ei hinzufügen. Alles kräftig durchkneten, bis eine große Kugel zu formen ist. Für das Gesicht aus einem kleinen Stück Teig eine Kugel formen; diese dann auf einem Brett flach drücken.

Das Gesicht so verzieren, wie du dir einen Nikolaus vorstellst. Dieses dann mit einem Kuchenheber auf ein mit Backpapier vorbereitetes Backblech heben.

Für die Mütze zwei Ecken einer Serviette bis zur Mitte falten. Dann die Serviette umdrehen. Nach dem Backen das Gesicht auf einem Kuchengitter abkühlen lassen und mit Puderzucker bestreuen.

Gibt es einen Weihnachtsmann?

Francis Pharcellus Church

Eines Morgens, es war im September 1897, fand der Chefredakteur der New Yorker Zeitung „The Sun“ auf seinem Schreibtisch folgenden Brief eines achtjährigen Mädchens:

Lieber Redakteur! Ich bin acht Jahre alt. Einige meiner Freundinnen sagen immer, es gibt gar keinen Weihnachtsmann. Papa aber sagt: „Wenn es in The Sun steht, dann ist es wahr.“ Bitte, sag mir doch die Wahrheit, gibt es einen Weihnachtsmann? – Virginia O'Hanlon

Francis Pharcellus Church, Redaktionsmitglied und Leitartikler der „Sun“, übernahm die Beantwortung nur zögernd und ungern. Doch dann begann er geschwind, Zeile um Zeile aufs Papier zu werfen und so entstand der folgende Brief. Seit einem Jahrhundert lesen ihn Millionen von Zeitungslesern Jahr für Jahr in der Weihnachtsausgabe und schätzen ihn als einen beredten Ausdruck für die Gefühle, die das Menschenherz zur Weihnachtszeit bewegen:

Deine Freundinnen haben nicht Recht. Sie leiden an einer Krankheit, die ihnen freilich erst später Schmerzen bereiten wird, die aber dennoch eine böse Krankheit ist. Gib Acht, dass auch du nicht von ihrer ergriffen wirst: Es ist ein Leiden der Seele. Wir Erwachsenen nennen es Zweifelsucht, Unglauben, Herzensarmut. Deine Freundinnen und die anderen, die es ihnen eingeredet haben, meinen, sie seien wer weiß wie klug, weil sie nur das für wirklich halten, was sie mit ihren Augen sehen, mit ihren Händen greifen können – und wissen doch nicht, wie wenig das ist! Nun, kleine Virginia, stell dir einmal die ganze weite Welt vor mit Bergen und Seen, Flüssen und Meeren und den endlosen Himmel darüber mit seinen vielen, vielen Sternen! Stell dir einmal vor, was es da für Wesen gibt im Wasser und in der Luft und auf der Erde! Der Mensch ist nur eines unter Tausenden und noch dazu ein winzig kleines. Nicht mehr als ein Käfer oder eine Ameise. Wie sollte dieser Mensch mit seinem kleinen Verstand alles sehen, alles erkennen und alles wissen! Ja, Virginia, es gibt einen Weihnachtsmann. So gewiss, wie es Wärme und Fröhlichkeit, Liebe und Güte gibt, die man ja auch nicht mit seinen Augen sehen, mit seinen Händen greifen kann! Und doch gibt es sie – das fühlst du doch –, und bringen sie nicht Schönheit und Freude in dein Leben?

Ach, wie traurig wäre die Welt ohne den Weihnachtsmann! So traurig, als ob es keine kleinen Virginias mehr gäbe, keine Märchen, keine Lieder, keine Dichter, die Geschichten schreiben – nur noch Leute, die niemals spielen, niemals lachen!

Da wären wir doch allesamt verloren, und das Licht, das ewige, das nie ausgeht, mit dem ihr Kinder die Welt erhellt und das mit jedem neuen Kindchen neu geboren wird, würde für immer erlöschen. Nicht an den Weihnachtsmann glauben! Dann braucht man auch nicht mehr an Feen und Elfen zu glauben. Du könntest deinen Vater überreden, am Weihnachtsabend vor jeden Kamin einen Aufpasser zu stellen, um den Weihnachtsmann einmal zu fangen – was würde es denn beweisen, wenn sie ihn nicht durch den Schornstein herabfahren sehen? Niemand sieht den Weihnachtsmann. Das beweist aber nicht, dass es ihn nicht gibt. Die wahrhaft wirklichen Dinge dieser Welt können weder Kinder noch Erwachsene sehen. Hast du schon einmal Feen auf einer Wiese tanzen sehen? Natürlich nicht; das beweist aber nicht, dass sie nicht gerade dort tanzen. Niemand kann all die unsichtbaren Wunder der Welt begreifen!

Herr Winter, Münchener Bilderbogen von Moritz von Schwind, 1847 (Bd. 1, München 161847, Nr. 5).

Niemand kann erklären, warum wir uns über eine Melodie, ein Gedicht, den Duft einer Blume, den Mondenschein freuen, warum sie unser Herz mit Glück erfüllen und warum die Menschen – mögen sie Kinder oder Erwachsene sein – sehr arm sind, die keinen Sinn für die ungreifbaren Dinge haben.

Du kannst wohl eine Kinderrassel auseinander nehmen, um zu sehen, wieso sie eigentlich klappert. Über die unsichtbare Welt aber ist ein Schleier gebreitet, den selbst der stärkste Mann und nicht einmal die vereinte Kraft der stärksten Männer aller Zeiten zerreißen kann. Nur der Glaube, die Liebe können diesen Schleier ein klein wenig lüften und die dahinter verborgene übernatürliche Schönheit und Pracht schauen. Ist dies alles Wirklichkeit? Oh, Virginia, es gibt nichts Wirklicheres und Beständigeres auf dieser Welt!

Der Weihnachtsmann? Gott sei Dank, er lebt und wird ewig leben. Noch in tausend Jahren, was sage ich, kleine Virginia, in zehnmal zehntausend Jahren wird er noch die Herzen der Kinder höher schlagen lassen.

Im Zeichen von Kerzen und Tannenbaum

Weihnachten ist nicht mehr weit

Zeichen der Weihnacht

Kerzen und Lichter

Zur Zeit um Weihnachten gehören lange dunkle Winterabende, nebelverhangene Morgenstunden, Nachmittage, in denen früh die Dunkelheit einfällt. – „Mami, ist es bald dunkel?", hat unser Sohnemann als Kind oft gefragt. „Machen wir heute ein Kerzenfest?" Und dann wurden in der Küche all die vielen Kerzenreste, Teelichter, große und kleine Kerzen in eine hohe Schüssel gestellt und das elektrische Licht ausgeknipst. Eine Kerze nach der anderen wurde angezündet. Die Lichtbündel tanzten flackernd an den Wänden und an der Decke hoch.

Eines unserer schönsten Kinderfotos zeigt den Vierjährigen mit strahlenden Augen, wie er ganz stolz in jeder Hand eine Kerze hochhält.

Auch über dem ersten Weihnachten lag Dunkelheit. – Nacht über den Hirtenfeldern von Betlehem und plötzlich das helle Licht, als die Boten Gottes den furchtsamen Hirten erschienen!

Und die Nacht in Betlehem, als die Dunkelheit im Stall nur vom Licht aus der Krippe erhellt wurde, wie es uns die alten Meister auf ihren Bildern darstellen! Das zeigen besonders die Krippenbilder von REMBRANDT, auf denen Menschen und Tiere in ein Halbdunkel getaucht sind und das Kind allein die Quelle des Lichts ist.

So folgten auch die drei Weisen auf ihrer nächtlichen Wanderung durch die Wüste dem hellen Schein des Sterns von Betlehem.

Das Licht scheint in der Finsternis – dieses biblische Wort ist eines der Schlüsselworte von Weihnachten.

Vielleicht versuchen wir, etwas von dem Wunder des Lichts, von der Leuchtkraft, die uns Weihnachten entgegenkommt, zu erfassen, wenn wir unsre dunklen Tage mit Kerzen und Lichtern hell machen.

In manchen Familien ist es Brauch, am ersten Adventssonntag bereits alle vier Kerzen anzuzünden, am nächsten Sonntag dann drei, dann zwei und am letzten Sonntag vor Weihnachten nur eine einzige. Auf diese Weise wird deutlich, wie das Licht immer mehr abnimmt, wie die dunklen Nächte immer länger

Rembrandt Harmensz van Rijn (1606–1669), Die Anbetung der Hirten, 1646. National Gallery, London.

werden. Kurz vor Weihnachten ist die Nacht am längsten. In diese Dunkelheit trifft dann der strahlende Glanz aller Kerzen am Weihnachtsbaum, unter dem die Krippe aufgebaut ist.
Mir selbst ist der Brauch des langsam wachsenden Lichts am Adventskranz, das gegen Ablauf der Natur, der kürzer werdenden Tage anleuchtet, doch lieber: Von Adventssonntag zu Adventssonntag wachsen die Freude und Erwartung auf den hellen Glanz des Weihnachtsfestes. „Unsere Adventskränze und Lichter sollen ein vorauslaufender Glanz jener Herrlichkeit sein, die sich aufmacht, über der Finsternis des Erdreichs aufzugehen. Sie sollen ein Zeichen dessen sein, dass wir unterwegs sind, unterwegs als getröstete und fröhliche Wanderer, deren Herz nicht mehr erschrecken kann und vor deren Lichtern die andrängende Nacht zu weichen hat", sagte der Publizist und Theologe HELMUT THIELICKE.
„Es wird uns besuchen das aufstrahlende Licht aus der Höhe, um allen zu leuchten, die in der Finsternis sitzen", heißt es beim Evangelisten Lukas.
Wenn ich über dies Wort nachdenke, frage ich mich: Sind wir bereit, dieses Licht in uns aufzunehmen und weiterzugeben, weiterzutragen über die Weihnachtstage hinaus und die Wege anderer Menschen heller zu machen?

„Und das habt zum Zeichen: Ihr werdet finden das Kind in Windeln gewickelt und in einer Krippe liegen" – so erzählt das Weihnachtsevangelium.
Das Wort „Zeichen" lässt mich nicht los. Ich treffe in den Wochen vor Weihnachten immer wieder auf „weihnachtliche Zeichen".
Es ist in den letzten Jahren ein wahrer „Lichterwettstreit" an den Fenstern und in den Gärten ausgebrochen. Wenn ich vor Weihnachten noch einen kurzen abendlichen Rundgang um den Häuserblock mache, freue ich mich an den Lichterketten auf den Balkons, an den leuchtenden Kerzenständern hinter den Fenstern, an den bunten Transparentbildern der Kinder, an Sternen, Glocken, Herzen an den Scheiben. Und in den Vorgärten und Hauseingängen sind die grünen Zweige der Tannen und die kahlen Äste der Laubbäume mit Lichterketten geschmückt, die im Dezemberwind hin- und herschwingen und funkeln. – Welch schöne leuchtende „Zeichen der Weihnacht"!

Das Licht in der Welt

Ein philippinisches Märchen

Es gibt ein altes, gar nicht so weihnachtliches philippinisches Märchen, das davon erzählt, wie sehr die Menschen in der dunklen Welt das Licht brauchen:

Ein König hatte zwei Söhne. Er wollte den geeignetsten zu seinem Nachfolger einsetzen. Er gab jedem Sohn fünf Silberstücke und sprach: „Mit diesem Geld sollt ihr bis zum Abend die große Halle in meinem Schloss füllen. Wie ihr das ausführt, ist eure Sache."

Der älteste Sohn ging zu einem Feld, auf dem Zuckerrohr geerntet wurde. Er bot dem Aufseher die fünf Silberstücke an. Dann befahl er, dass die Arbeiter das ausgedroschene Zuckerrohr in die Halle des Königs bringen sollten. Bis zum letzten Winkel war die Halle gefüllt.

Der älteste Sohn ging zum König und sprach: „Mach mich zu deinem Nachfolger! Ich habe meine Aufgabe erfüllt."

Aber der Vater sagte: „Ich will bis zum Abend warten." – Da kam der jüngere Sohn und befahl, das ausgedroschene Zuckerrohr aus der Halle zu entfernen. Dann stellte er mitten in der Halle eine Kerze auf. Bis in die letzte Ecke war die Halle mit Licht erfüllt.

Da sprach der Vater: „Du sollst mein Nachfolger sein. Dein Bruder hat die Halle für fünf Silberstücke mit nutzlosem Zeug gefüllt! Du hast nicht einmal ein Silberstück ausgegeben und hast die Halle mit dem gefüllt, was alle Menschen dringend brauchen: mit Licht."

Weihnachtliche Bilder

Kerze, Kranz und Baum

Alle Jahre wieder ist es so: Wir nehmen uns vor, uns in diesem Jahr bestimmt nicht von dem „Rummel", dem Stress in den Geschäften, dem Gedränge in den Einkaufsstraßen anstecken zu lassen. Wir möchten die kleinen Freuden der Adventszeit wieder intensiv erleben, die „wahre Weihnachtskunst", wie es in einem alten Adventslied heißt, zum Zug kommen lassen. Wir möchten die Augen öffnen für den Zauber, den die Lichterketten auf den kahlen Ästen des Kirschbaumes vor unserem Fenster abends ausstrahlen. Wir möchten uns von dem Duft nach Lebkuchen, Dominosteinen und Zimtsternen einfangen lassen.

Mit welchem Entzücken entdecken wir Jahr für Jahr die wunderschönen neuen Muster und Farben auf den weihnachtlichen Geschenkpapieren und Servietten! Da greifen wir mit unseren Kindern zu Schere, Klebstoff und Buntstiften und verzieren Briefpapier und Weihnachtsschmuck mit fantasievollen Mustern.

Und doch gibt es mitten in all der Festvorbereitung oder in den Stunden nach dem Fest immer wieder den Fall in die Ernüchterung, in die glanzlosen Stunden des Alltags. Da hilft kein Kerzenglanz, wenn wir die Abwaschberge in der Küche, die Kerzenflecken auf Tischdecken und Kinderhosen entdecken, wenn wir uns einfach ausgebrannt und erschöpft fühlen.

Vielleicht tröstet es, wenn wir uns vorstellen, dass auch das erste Weihnachten trotz Engelgesang und Licht aus der Höhe, trotz glänzender Geschenke der Könige und Weisen wohl sehr dunkel und karg und alltäglich gewesen ist. Josef hat bei der überstürzten Flucht nach Ägypten sicher nicht all die funkelnden Gerätschaften, mit denen die Maler des Mittelalters den ärmlichen Stall zu schmücken pflegten, mitnehmen können.

Und dem Esel hat er sicher keine kostbaren Kameldecken, sondern unscheinbare, verschmutzte Felldecken übergeworfen. Und wie ist das Leben dieses Jesus weitergegangen? Die Ägypter haben ihn nach der Flucht nicht als himmlischen Herrscher empfangen, sondern ihm und seiner Familie schlichtweg Asyl, vielleicht in einer einfachen Lehmhütte, gewährt.

Und die Jahre in Nazaret! Hat man ihn dort als Wunderheiler, als Retter geehrt? Unerkannt, bescheiden hat er die dreißig Jahre seines Lebens in der Alltäglichkeit einer kleinen Provinzstadt zugebracht, ohne Engelserscheinungen oder ähnliche himmlische Erleuchtungen. So wird dieser Nazarener den grauen Alltag mit all seinen Banalitäten, seinen Höhen und Tiefen kennen gelernt haben. – Nicht anders dürfen wir ihn durch Kerzenglanz und Weihnachtsduft hindurch als unseren Bruder erkennen, der den Alltag unseres Lebens mit uns teilen will.

So sollte sich auch unser Blick im grauen Alltag auf die Menschen lenken, die neben und mit uns leben, auf den Nachbarn, der einmal im Jahr zu

Weihnachten zur Kirche geht, weil das eben zur Stimmung dazugehört. Sollten wir ihn ausschließen, ihn in Gedanken „draußen vor der Tür" stehen lassen, nur weil er einmal im Jahr ein Stück Himmel, ein Stück Geborgenheit erhaschen will? Oder sollten wir die Nase rümpfen über die Bekannten, die über Weihnachten mit dem Flugzeug losdüsen und auf den Kanarischen Inseln dem weihnachtlichen Rummel entfliehen wollen?
Sollten wir nicht versuchen, die genervte, mürrische Verkäuferin im überfüllten Kaufhaus zu verstehen? Und – könnten wir der alten Nachbarin die Angst vor dem einsamen langen Heiligen Abend nehmen, indem wir sie besuchen mit einer kleinen Überraschung, einem liebevoll geschmückten Zweig oder Bäumchen: „Ganz für Sie allein"?
So kann ein Stück altes Brauchtum – Kerze, Kugeln, Zweig, Kranz oder Baum –, das wir im Familienkreis pflegen und weitertragen zu anderen Menschen so etwas wie eine kostbare Verbindung, zu einer Brücke werden.
„Es muss feste Bräuche geben", heißt es im „Kleinen Prinzen" von SAINT-EXUPÉRY. „Was heißt fester Brauch?", fragt der kleine Prinz. „Auch etwas in Vergessenheit Geratenes", sagt der Fuchs. „Es ist das, was einen Tag von dem anderen unterscheidet, eine Stunde von anderen Stunden."
Wenn wir all das schöne weihnachtliche Brauchtum liebevoll hüten und weitertragen, dann kann uns durch all die äußeren Zeichen hindurch jedes Jahr wieder neu bewusst werden: Gott ist Mensch geworden, damit wir das Leben haben und es in Fülle haben – wie der Evangelist Johannes sagt.

Adventlicher Türbogen

Das wird gebraucht
Rebenstern in Gold, ca. 25 cm Ø, Holzkleiderbügel, Koniferenzweige, Blumendraht, 2 Goldäpfel, 5–6 m Bast in Orange, Klarlack, Goldspray, Modelliermasse.

So wird's gemacht
Koniferenzweige mit Blumendraht am Kleiderbügel entlang wickeln. An den Enden beginnen und zur Mitte hin arbeiten. Rebenstern mit Draht in der Mitte befestigen, ebenso die Goldäpfel. Den Bast in etwa 80 cm lange Stücke schneiden und zur Schleife binden. Am Tag vorher aus Modelliermasse einen kleinen Stern ausstechen und über Nacht trocknen lassen. Bevor auf den Stern das Goldspray aufgetragen wird, die Fläche mit Klarlack behandeln. Goldstern mit Heißkleber platzieren.

O Tannenbaum

T: Ernst Anschütz; M: Volkslied
Notensatz: © B. Schott's Söhne

Der Tannenbaum

Der Christbaum, geschmückt mit Kerzen, Lametta und Glitzersternen ist noch keine 400 Jahre alt. Aber schon in heidnischer und vorchristlicher Zeit wurden die Büsche und Bäume als Hoffnung auf neues Leben, als Vorboten des wiederkehrenden Frühlings gesehen. Man vertraute auf die Lebens- und Heilkraft in den wintergrünen Gewächsen, die auch in der dunkelsten Jahreszeit nicht ihre Nadeln und Blätter verlieren. In verschiedenen Landstrichen Europas schmückte man die Wohnungstüren in der Weihnachtszeit mit Eiben, Lorbeerzweigen, Efeu, Rosmarin, Mistel- und Stechpalmenzweigen und holte auch Tannen, Fichten und Buchs ins Haus. Später haben sich heidnische Bräuche mit christlichem Gedankengut vermischt.

In vielen Familien werden am Barbaratag (8. Dezember) kahle Zweige von Apfel- oder Kirsch-

bäumen geschnitten und in eine Vase gestellt. Welche Freude, wenn in den Tagen um Weihnachten Blätter und Blütenknospen aufbrechen – als Zeichen des neuen, wiederkehrenden Lebens! Wir können uns das Weihnachtsfest ohne den Duft des Tannengrüns, beginnend mit dem Adventskranz und den geschmückten Zweigen bis hin zu dem strahlenden Lichterbaum am Heiligen Abend kaum vorstellen. Die großen Tannenbäume auf den Marktplätzen und in den Einkaufsstraßen, mit elektrischen Kerzen besteckt, erfreuen das Herz, auch wenn wir beladen mit schweren Einkaufstaschen an ihnen vorbeihasten. – Kaum können die Älteren sich an die sechs Jahre verdunkelter Kriegsweihnachten erinnern, als aus den Häusern kein Licht nach außen auf die dunklen Straßen dringen durfte.

So lange gibt es den Brauch des kerzengeschmückten Tannenbaumes noch gar nicht. Erst seit dem 17. Jahrhundert hielt der Tannenbaum Einzug in die damaligen Fürsten- und Adelshäuser.

In der Literatur wird der Tannenbaum dann immer wieder erwähnt. Beispielsweise der junge Goethe beschrieb 1774 im Rückblick auf die Kinderzeit, „... wie einen da die Öffnung der Tür und die Erscheinung eines Baums mit Wachslichtern, Zuckerwerk und Äpfeln in paradiesische Entzückung setzte“. Von der weihnachtlichen Bescherung sang Johann Wolfgang von Goethe 1822:

„Bäume leuchtend, Bäume blendend,
überall das Süße spendend,
in dem Glanze sich bewegend,
alt und junges Herz erregend,
solch ein Fest ist uns bescheret,
manchen Gaben Schmuck verehret;
staunend schauen wir auf und nieder,
hin und her und immer wieder.“

Die Erinnerung an die strahlenden Weihnachtsbäume der Kindheit begleiten viele von uns, und wir möchten jedes Jahr neu diesen unvergesslichen Zauber auch für unsere Kinder sichtbar werden lassen. Einen Tannenbaum aussuchen – das allerdings kann jedes Jahr neu zu einem Ärgernis oder zu einem Fest werden.

Hans Christian Andersen schreibt in einer Geschichte von den Tannenbäumen: „O, sie gelangen zur größten Pracht und Herrlichkeit, die man sich denken kann. Sie werden inmitten der warmen Stube aufgepflanzt und mit den schönsten Sachen, vergoldeten Äpfeln, Honigkuchen, Spielzeug und vielen hundert Lichtern geschmückt.“

Wir erleben Jahr für Jahr das Gleiche, ob wir unseren Baum aus dem Wald holen oder ihn auf dem Markt kaufen: Wir suchen und suchen nach dem ebenmäßigsten, schönsten gewachsenen Exemplar, und dann entdecken wir einen „Engel mit kleinen Fehlern“: eine Krümmung am oberen Ende, eine Kahlstelle an einer Seite, einen abgeknickten Zweig ... Aber auf einmal haben wir das Gefühl: Der ist für uns bestimmt! Wir haben ja so viel schönen selbst gebastelten Schmuck, dass wir die kleinen Fehler liebevoll zudecken können.

Vielleicht spüren wir, dass auch in der Weihnachtszeit nicht alles so fehlerlos, perfekt, harmonisch und strahlend zugeht, weder bei uns zu Hause noch draußen in der Welt – dass aber gerade an Weihnachten unser Baum in verschiedener Weise ein Symbol werden kann.

Der allererste Weihnachtsbaum

Hermann Löns

Der Weihnachtsmann ging durch den Wald. Er war ärgerlich. Sein weißer Spitz, der sonst immer lustig bellend vor ihm herlief, merkte das und schlich hinter seinem Herrn mit eingezogener Rute her.

Er hatte nämlich nicht mehr die rechte Freude an seiner Tätigkeit. Es war alle Jahre dasselbe. Es war kein Schwung in der Sache. Spielzeug und Esswaren, das war auf die Dauer nichts. Die Kinder freuten sich wohl darüber, aber quieken sollten sie und jubeln und singen, so wollte er es, das taten sie aber nur selten.

Den ganzen Dezembermonat hatte der Weihnachtsmann schon darüber nachgegrübelt, was er wohl Neues erfinden könne, um einmal wieder eine rechte Weihnachtsfreude in die Kinderwelt zu bringen, eine Weihnachtsfreude, an der auch die Großen teilnehmen würden. Kostbarkeiten durften es auch nicht sein, denn er hatte soundso viel auszugeben und mehr nicht.

So stapfte er denn auch durch den verschneiten Wald, bis er auf dem Kreuzweg war. Dort wollte er das Christkindchen treffen. Mit dem beriet er sich nämlich immer über die Verteilung der Gaben.

Schon von weitem sah er, dass das Christkindchen da war, denn ein heller Schein war dort. Das Christkindchen hatte ein langes, weißes Pelzkleidchen an und lachte über das ganze Gesicht. Denn um es herum lagen große Bündel Kleeheu und Bohnenstiegen und Espen- und Weidenzweige, und daran taten sich die hungrigen Hirsche und Rehe und Hasen gütlich. Sogar für die Sauen gab es etwas: Kastanien, Eicheln und Rüben.

Der Weihnachtsmann nahm seinen Wolkenschieber ab und bot dem Christkindchen die Tageszeit. „Na, Alterchen, wie geht's?", fragte das Christkind. „Hast wohl schlechte Laune?" Damit hakte es den Alten unter und ging mit ihm. Hinter ihnen trabte der kleine Spitz, aber er sah gar nicht mehr betrübt aus und hielt seinen Schwanz kühn in die Luft.

„Ja", sagte der Weihnachtsmann, „die ganze Sache macht mir so recht keinen Spaß mehr. Liegt es am Alter oder an sonst was, ich weiß nicht. Das mit den Pfefferkuchen und den Äpfeln und Nüssen, das ist nichts mehr. Das essen sie auf, und dann ist das Fest vorbei. Man müsste etwas Neues erfinden, etwas, das nicht zum Essen und nicht zum Spielen ist, aber wobei alt und jung singt und lacht und fröhlich wird."

Das Christkindchen nickte und machte ein nachdenkliches Gesicht; dann sagte es: „Da hast du Recht, Alter, mir ist das auch schon aufgefallen. Ich habe daran auch schon gedacht, aber das ist nicht so leicht."

„Das ist es ja gerade", knurrte der Weihnachtsmann, „ich bin zu alt und zu dumm dazu. Ich habe schon richtiges Kopfweh vom vielen Nachdenken, und es fällt mir doch nichts Vernünftiges ein. Wenn es so weitergeht, schläft allmählich die ganze Sache ein, und es wird ein Fest wie alle anderen, von dem die Menschen dann weiter nichts haben als Faulenzen, Essen und Trinken."

Nachdenklich gingen beide durch den weißen Winterwald, der Weihnachtsmann mit brummigem, das Christkindchen mit nachdenklichem Gesicht. Es war so still im Wald, kein Zweig rührte sich, nur wenn die Eule sich auf einen Ast setzte, fiel ein Stück Schneebehang mit halblautem Ton herab. So kamen die beiden, den Spitz hinter sich, aus dem hohen Holz auf einen alten Kahlschlag, auf dem große und kleine Tannen standen. Das sah wunderschön aus. Der Mond schien hell und klar, alle Sterne leuchteten, der Schnee sah aus wie Silber, und die Tannen standen darin, schwarz und weiß, dass es eine Pracht war. Eine fünf Fuß hohe Tanne, die allein im Vordergrund stand sah besonders reizend aus. Sie

Paul Hey, Christkindlabend.

war regelmäßig gewachsen, hatte auf jedem Zweig einen Schneestreifen, an den Zweigspitzen kleine Eiszapfen und glitzerte und flimmerte nur so im Mondenschein.

Das Christkindchen ließ den Arm des Weihnachtsmannes los, stieß den Alten an, zeigte auf die Tanne und sagte: „Ist das nicht wunderhübsch?"

„Ja", sagte der Alte, „aber was hilft mir das?"

„Gib ein paar Äpfel her", sagte das Christkindchen, „ich habe einen Gedanken."

Der Weihnachtsmann machte ein dummes Gesicht, denn er konnte es sich nicht recht vorstellen, dass das Christkind bei der Kälte Appetit auf die eiskalten Äpfel hatte. Er hatte zwar noch einen guten alten Schnaps, aber den mochte er dem Christkindchen nicht anbieten.

Er machte sein Tragband ab, stellte seine riesige Kiepe in den Schnee, kramte darin herum und langte ein paar recht schöne Äpfel heraus. Dann fasste er in die Tasche, holte sein Messer heraus, wetzte es an einem Buchenstamm und reichte es dem Christkindchen.

„Sieh, wie schlau du bist", sagte das Christkindchen. „Nun schneid mal etwas Bindfaden in zwei fingerlange Stücke, und mach mir kleine Pflöckchen."

Dem Alten kam das alles etwas ulkig vor, aber er sagte nichts und tat, was das Christkind ihm sagte. Als er die Bindfadenenden und die Pflöckchen fertig hatte, nahm das Christkind einen Apfel, steckte ein Pflöckchen hinein, band den Faden daran und hängte den an einen Ast.

„So", sagte es dann, „nun müssen auch an die anderen welche, und dabei kannst du helfen, aber vorsichtig, dass kein Schnee abfällt!"

Der Alte half, obgleich er nicht wusste, warum. Aber es machte ihm schließlich Spaß, und als die ganze kleine Tanne voll von rotbäckigen Äpfeln hing, da trat er fünf Schritte zurück, lachte und sagte: „Kieck, wie niedlich das aussieht! Aber was hat das alles für'n Zweck?"

„Braucht denn alles gleich einen Zweck zu haben?", lachte das Christkind. „Pass auf, das wird noch schöner. Nun gib mal Nüsse her!"

Der Alte krabbelte aus seiner Kiepe Walnüsse heraus und gab sie dem Christkindchen. Das steckte in jedes ein Hölzchen, machte einen Faden daran, rieb immer eine Nuss an der goldenen Oberseite seiner Flügel, dann war die Nuss golden, und die nächste an der silbernen Unterseite seiner Flügel, dann hatte es eine silberne Nuss und hängte sie zwischen die Äpfel.

„Was sagst nun, Alterchen?", fragte es dann. „Ist das nicht allerliebst?"

„Ja", sagte er, „aber ich weiß immer noch nicht ..."

„Komm schon!", lachte das Christkindchen. „Hast du Lichter?"

„Lichter nicht", meinte der Weihnachtsmann, „aber 'nen Wachsstock!"

„Das ist fein", sagte das Christkind, nahm den Wachsstock, zerschnitt ihn und drehte erst ein Stück um den Mitteltrieb des Bäumchens und die anderen Stücke um die Zweigenden, bog sie hübsch gerade und sagte dann: „Feuerzeug hast du doch?"

„Gewiss", sagte der Alte, holte Stein, Stahl und Schwammdose heraus, pinkte Feuer aus dem Stein, ließ den Zunder in der Schwammdose zum Glimmen kommen und steckte daran ein paar Schwefelspäne an. Die gab er dem Christkindchen. Das nahm einen hell brennen-

den Schwefelspan und steckte damit erst das oberste Licht an, dann das nächste davon rechts, dann das gegenüberliegende. Und rund um das Bäumchen gehend, brachte es so ein Licht nach dem anderen zum Brennen.

Da stand nun das Bäumchen im Schnee; aus seinem halb verschneiten, dunklen Gezweig sahen die roten Backen der Äpfel, die Gold- und Silbernüsse blitzten und funkelten, und die gelben Wachskerzen brannten feierlich. Das Christkindchen lachte über das ganze rosige Gesicht und patschte in die Hände, der alte Weihnachtsmann sah gar nicht mehr so brummig aus, und der kleine weiße Spitz sprang hin und her und bellte.

Als die Lichter ein wenig heruntergebrannt waren, wehte das Christkindchen mit seinen goldsilbernen Flügeln, und da gingen die Lichter aus. Es sagte dem Weihnachtsmann, er solle das Bäumchen vorsichtig absägen. Das tat der, und dann gingen beide den Berg hinab und nahmen das bunte Bäumchen mit.

Als sie in den Ort kamen, schlief schon alles. Beim kleinsten Hause machten die beiden halt. Das Christkind machte leise die Tür auf und trat ein; der Weihnachtsmann ging hinterher. In der Stube stand ein dreibeiniger Schemel mit einer durchlochten Platte. Den stellten sie auf den Tisch und steckten den Baum hinein. Der Weihnachtsmann legte noch allerlei schöne Dinge, Spielzeug, Kuchen, Äpfel und Nüsse unter den Baum, dann verließen beide das Haus so leise, wie sie es betreten hatten.

Als der Mann, dem das Häuschen gehörte, am anderen Morgen erwachte und den bunten Baum sah, da staunte er und wusste nicht, was er dazu sagen sollte. Als er aber an dem Türpfosten, den des Christkinds Flügel gestreift hatte, Gold- und Silberflimmer hängen sah, da wusste er Bescheid. Er steckte die Lichter an dem Bäumchen an und weckte Frau und Kinder. Das war eine Freude in dem kleinen Haus wie an keinem Weihnachtstag. Keines von den Kindern sah nach dem Spielzeug, nach dem Kuchen und den Äpfeln, sie sahen nur alle nach dem Lichterbaum. Sie fassten sich an den Händen, tanzten um den Baum und sangen alle Weihnachtslieder, die sie wussten, und selbst das Kleinste, das noch auf dem Arm getragen wurde, krähte, was es krähen konnte.

Als es helllichter Tag geworden war, da kamen die Freunde und Verwandten des Bergmanns, sahen sich das Bäumchen an, freuten sich darüber und gingen gleich in den Wald, um sich für ihre Kinder auch ein Weihnachtsbäumchen zu holen. Die anderen Leute, die das sahen, machten es nach, jeder holte sich einen Tannenbaum und putzte ihn an, der eine so, der andere so, aber Lichter, Äpfel und Nüsse hängten sie alle daran.

Als es dann Abend wurde, brannte im ganzen Dorf Haus bei Haus ein Weihnachtsbaum, überall hörte man Weihnachtslieder und das Jubeln und Lachen der Kinder.

Von da aus ist der Weihnachtsbaum über ganz Deutschland gewandert und von da über die ganze Erde. Weil aber der erste Weihnachtsbaum am Morgen brannte, so wird in manchen Gegenden den Kindern morgens beschert.

Rautenstern

Das wird gebraucht

Transparentpapier in Grün oder Blau, 10 x 10 cm, 16 Blatt, Karton für Schablonen. – Bleistift, Geometrie-Dreieck, Klebestift, Schere.

So wird's gemacht

Eine exakte Kartonschablone von 10 x 10 cm anfertigen. Die Umrisse der Schablonen 16-mal auf grünes Transparentpapier übertragen und ausschneiden, dabei Bleistiftlinien möglichst wegschneiden.

Die Quadrate nach Abbildung 1 präzise falten, die Falzkanten jeweils mit dem Fingernagel glatt streichen. Die fertigen Sternspitzen im Wechsel, mal von oben, mal von unten, aneinander kleben, bis sich der Kreis beim letzten Blatt schließt (siehe Abbildung 2).

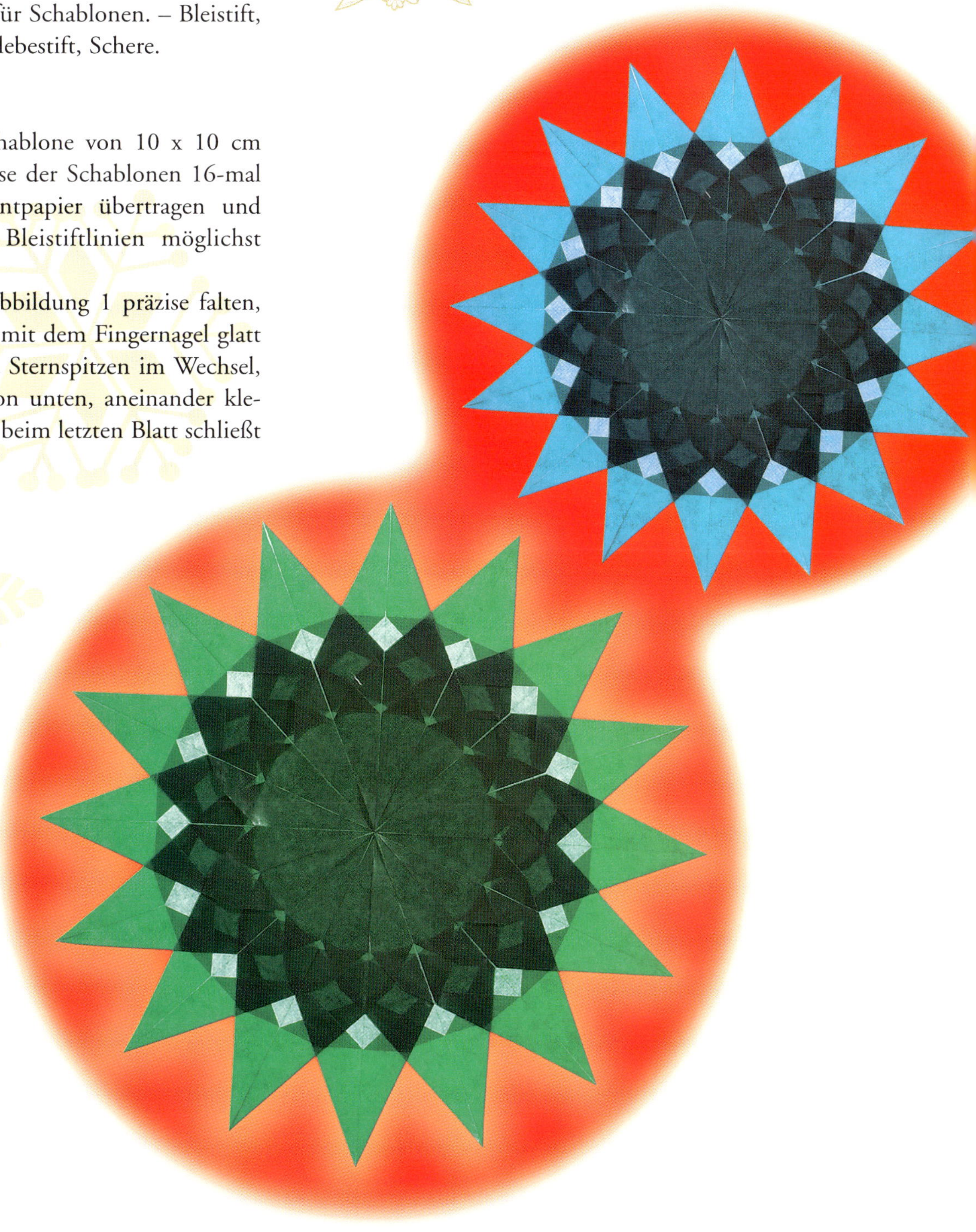

Abbildung 1

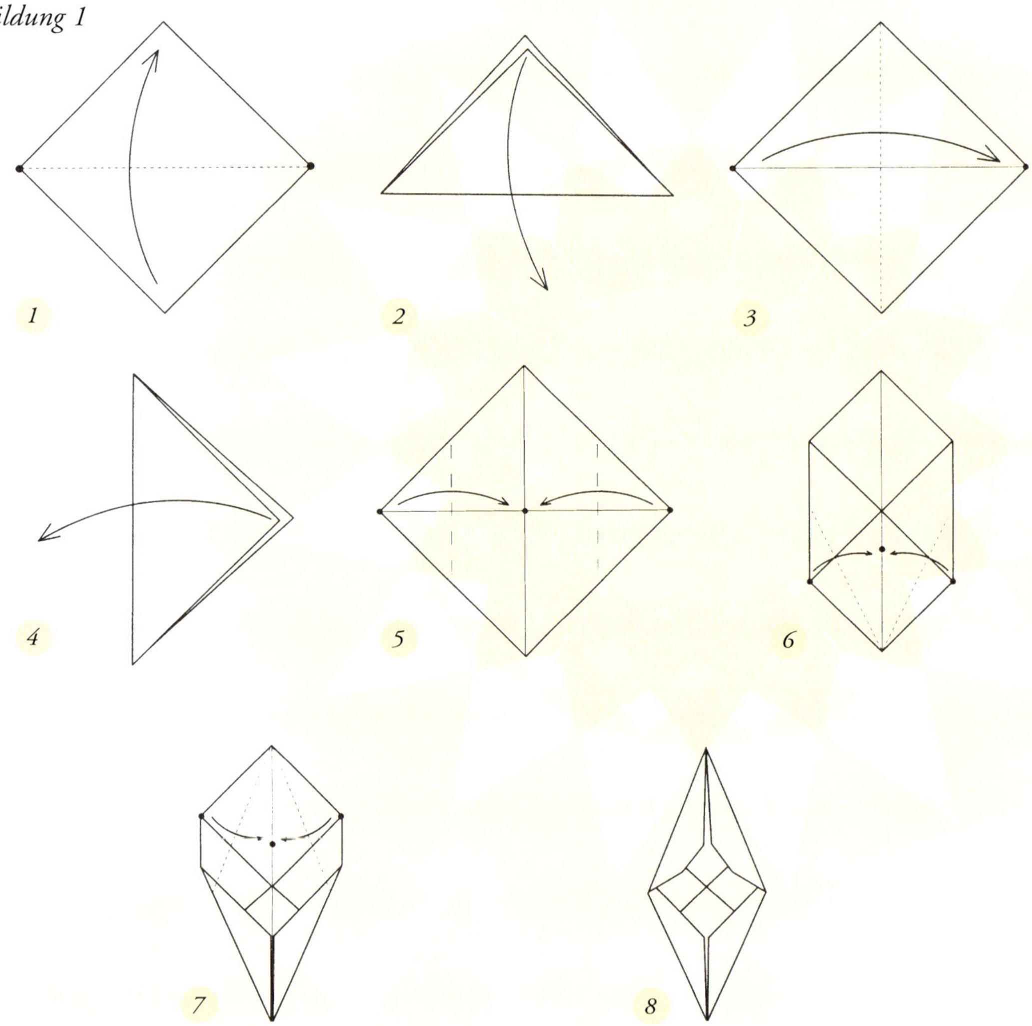

Abbildung 2

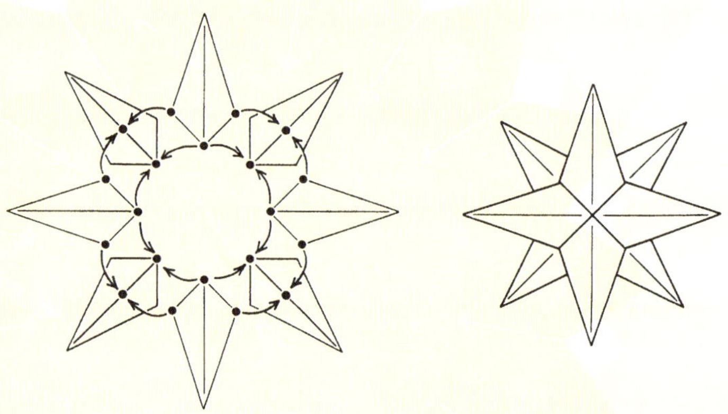

Weihnachtsbaum

Das wird gebraucht
Tonpapier in Dunkelgrün und in Gelb, dünnes Papier in Weiß, z. B. Butterbrotpapier, Wachsmalfarben, Bleistiftspitzer, Bügeleisen, selbstklebende Sterne oder Paillettensterne in Gold.

So wird's gemacht
Mit dem Bleistiftspitzer verschiedenfarbige Wachsmalstifte anspitzen und die Wachsflocken gleichmäßig auf dünnem, weißem Papier verteilen. – Ein zweites Blatt Papier darüber legen und mit dem Bügeleisen, Einstellung „Baumwolle", glatt bügeln. Die Papiere auseinander ziehen, bevor sie erkalten.
Für den Weihnachtsbaum ein etwa 25 x 25 cm großes Stück Tonpapier in der Mitte falten. Eine Baumhälfte aufzeichnen, ausschneiden und Schablone aufklappen. Innenform ausschneiden. Sternformen in verschiedenen Größen aufzeichnen. Ausschnitte am besten mit dem Cutter ausführen. Sternformen ohne Rahmen direkt auf das Wachspapier übertragen und ausschneiden. – Die Ausschnitte mit dem gestalteten Papier hinterkleben, den Weihnachtsbaum mit selbstklebenden Sternen oder Paillettensternen verzieren.

Im Zeichen der Engel

Vom Himmel hoch, da komm ich her!

Von Engeln in der Weihnachtszeit

„Denn er hat seinen Engeln befohlen über dir, dass sie dich behüten auf allen deinen Wegen."
Psalm 91,11

Engel sind unterwegs ... das spüren wir besonders in der Weihnachtszeit. Da sehen wir sie – diese heiteren himmlischen Wesen als Goldengel an den Tannenzweigen. Da hängen sie – als Transparente von Kindern gestaltet – vor den Fenstern. Sie begegnen uns als schön geformte Tonengel, die Kerzen in den Händen tragen oder bei den Krippenspielen. Wir erstaunen über ihre Vielfalt und Schönheit auf Altarbildern in Kirchen.
Engel sind medienwirksam. In den weihnachtlichen Tagen lächeln uns diese Flügel tragenden Wesen aus Schaufenstern, Illustrierten und unzähligen Bucherscheinungen an. Sie verlocken, unsere Räume mit ihrem Glanz und ihrer Leichtigkeit festlich auszugestalten. So könnten wir die Frage: „Hast du schon mal Engel gesehen?" mit gutem Gewissen bejahen.
Wir würden aber wohl zögern bei der Frage: „Bist du schon einmal Engeln als Boten Gottes begegnet?" Die Sehnsucht danach ist groß – nicht nur zur Weihnachtszeit. Nach einer Umfrage vor einigen Jahren meinten 48 % der Befragten (meist Frauen), in ihrem Leben schon mal einem Engel begegnet zu sein, zumindest ein Gespür dafür zu haben.
Diese Sehnsucht, im oft problembeladenen und dunklen Alltag einen schützenden himmlischen Begleiter zu haben, drückt sich in der Fülle der Bucherscheinungen der letzten Jahre aus, deren Titel verlocken, nach Engelworten zu greifen, etwa: Gottes Engel brauchen keine Flügel – Breit aus die Flügel beide – Auf den Spuren der Engel – Ein Engel dir zur Seite – Engel meiner Straßen – 50 Engel für das Jahr – 50 Engel für die Seele – Einen Engel wünsch ich dir.
Und dann kommen mir vertraute Kindergebete in den Sinn: Abends wenn ich schlafen geh', vierzehn Englein um mich steh'n ...
In der Bibel, einem auch großen Engelbuch, ist oft von Engeln die Rede. Sie mahnen, sie helfen, sie heilen, sie trösten, sie bringen Licht in dunklen Stunden, sie schenken Wegweisung, sie verkünden Heil bringende Botschaften. Sie sind Gottes Boten.
Gottes Boten sprechen zu uns. Ihre Worte sollen uns treffen und berühren. Wir müssen die Ohren aufsperren, um ihre Botschaft zu vernehmen und zu verstehen.
So hat es Maria getan, als der Engel Gottes ihr die Geburt des Jesuskindes ankündigte. So haben es die Hirten auf dem Felde getan, als sie die Friedensworte des Engelchores hörten. So haben es Josef und die Weisen getan, als sie im Traum die warnenden Worte des Engels vernahmen.
Durch die Botschaft der Engel, durch ihr deutendes Wort ist die Geburt in der ärmlichen Krippe nicht eine unbedeutende Episode geblieben. So ist eigentlich die Weihnachtsgeschichte auch eine Engelsgeschichte. Von Engeln als den Boten Gottes und auch von den Engeln hier auf der Erde soll in diesem Kapitel die Rede sein, so wie KURT MARTI es gesagt hat:

„Füreinander Engel sein

Die Engel über Bethlehem sind verschwunden. Die Engel, die wir haben, sind aus Goldfolie, sind golden tot. Wir können uns nicht mehr auf Engel verlassen. Der Weihnachtsauftrag ergeht an uns. ‚Engel' heißt: Bote, Bote von Gott. An uns ist es, mit unserem Leben Boten zu sein, Boten der Liebe Gottes, die in Jesus Christus Mensch geworden ist, damit wir selber menschlicher werden. Den Auftrag, füreinander Engel, d. h. Boten Gottes, Boten Jesu Christi zu sein, nimmt uns heute kein Engel mehr ab. An uns ist es, die Weihnachtsbotschaft nicht aus Festtagshimmeln einander zuzurufen, sondern sie hier, auf unserer Alltagserde zu leben."

Gabriele Domay, Ohne Titel. Aquarell, 1990. Privatbesitz. © Gabriele Domay.

Sie finden in diesem Buch nicht nur Engelsworte großer Dichter, sondern auch viele kreative Ideen, mit Kindern in der Weihnachtszeit das Thema „Engel" zu gestalten. Den Spuren der Engel besonders in der Weihnachtszeit zu folgen, kann bedeuten: Wir könnten im Alltag spüren, dass Gott uns Flügel schenken möchte, die uns über manche Tage im Advent voller Stress, Ärger und Dunkelheit erheben.

Wir könnten spüren, dass der Himmel ein Wohlgefallen an uns hat, dass er uns Freude schenken will, auch wenn unser Lebenshorizont verdunkelt erscheint. Vielleicht könnten sich unsere Fesseln lockern, die uns manchmal daran hindern, wirklich weihnachtsfroh, hoffnungsfroh und ohne Furcht ins neue Jahr zu schauen.

In diesem Sinne: Einen Engel wünsch ich dir!

Die Engel

Das Wort „Engel" kommt vom lateinischen „angelus": Bote. Das griechische „ángelos" ist abgeleitet von dem hebräischen Wort „mal' ak": Gesandter, Melder, Bote. Im arabischen Bereich bedeutet „mal' ak" überirdischer Bote.

In nur wenigen Stellen der Bibel ist von solchen Boten als geflügeltem Himmelswesen die Rede. Auch in der bildenden Kunst sind die Engel bis ins 4. Jahrhundert hinein flügellos dargestellt. Erst danach tauchen sie in der byzantinischen und abendländischen Kunst mit Flügeln auf. In der Kölner Malerei des 12. und 13. Jahrhunderts erscheint der Typ des Kinderengels mit gefiederten Schwingen.

„Von guten Mächten wunderbar geborgen
erwarten wir getrost, was kommen mag.
Gott ist mit uns am Abend und am Morgen
und ganz gewiss an jedem neuen Tag."
Dietrich Bonhoeffer

Keine Weihnachtszeit ohne diese Boten des Christkindes! Für die Kinder bedeutet es immer wieder eine große Freude, wenn sie einen Engel gestalten oder in einem Krippenspiel selber darstellen können.

Traum der Heiligen Drei Könige. Kapitell von Meister Giselbertus im Lapidarium der Kathedrale St. Lazare von Autun, Burgund, um 1125.

Wenn wir das Wort „Engel" hören, denken wir wohl zunächst an den Engel, der Maria die Geburt Jesu angekündigt hat, oder an den Engel auf dem Hirtenfeld: „Ich verkündige euch große Freude!" Vielleicht erinnern wir uns auch an den Engel, der die drei Weisen und Josef im Traum vor dem grausamen König Herodes gewarnt hat. In der Bibel ist sehr oft von Engeln die Rede. Über viele Male erscheinen sie den Menschen. Sie warnen, retten und schützen sie vor Gefahr – als Boten Gottes.
Kinder fühlen sich in Wort und Bild oft von ihrem „Schutzengel" angesprochen, der sie vor Gefahr bewahrt auf ihrem Weg zum Kindergarten, zur Schule, bei Krankheiten. Liegt es nicht nahe, dass wir uns mit den Kindern besonders in der Weihnachtszeit immer wieder an den Engelgestalten freuen? Wir finden sie in Bilderbüchern, sie drehen sich auf der hölzernen Weihnachtspyramide, sie stehen, aus Ton geformt, auf der Fensterbank oder tanzen an den Tannenzweigen.

An meinen Schutzengel

Mascha Kaléko

Den Namen weiß ich nicht. Doch du bist einer
Der Engel aus dem himmlischen Quartett,
Das einstmals, als ich kleiner war und reiner,
Allnächtlich Wache hielt an meinem Bett.

Wie du auch heißt – seit vielen Jahren schon
Hältst du die Schwingen über mich gebreitet
Und hast, der Toren guter Schutzpatron,
Durch Wasser und Feuer mich geleitet.

Du halfst dem Taugenichts, als er zu spät
Das Einmaleins der Lebensschule lernte.
Und meine Saat, mit Bangen ausgesät,
Ging auf und wurde unverhofft zur Ernte.

Seit langem bin ich tief in deiner Schuld.
Verzeih mir noch die eine – letzte – Bitte:
Erstrecke deine himmlische Geduld
Auch auf mein Kind und lenke seine Schritte.

Er ist mein Sohn. Das heißt: Er ist gefährdet.
Sei um ihn tags, behüte seinen Schlaf.
Und füg es, dass mein liebes schwarzes Schaf
Sich dann und wann ein wenig weiß gebärdet.

Gib du dem kleinen Träumer das Geleit.
Hilf ihm vor Gott und vor der Welt bestehen.
Und bleibt dir dann noch etwas freie Zeit,
Magst du bei mir auch nach dem Rechten sehen.

Vom Engel, der nicht mitsingen wollte

Werner Reiser

Als die Menge der himmlischen Heerscharen über den Feldern von Betlehem jubelte: „Ehre sei Gott in den Höhen und Friede auf Erden unter den Menschen“, hörte ein kleiner Engel plötzlich zu singen auf. Obwohl er im unendlichen Chor nur eine kleine Stimme war, machte sich sein Schweigen doch bemerkbar. Engel singen in geschlossenen Reihen, da fällt jede Lücke sogleich auf. Die Sänger neben ihm stutzten und setzten ebenfalls aus. Das Schweigen pflanzte sich rasch fort und hätte beinahe den ganzen Chor ins Wanken gebracht, wenn nicht einige unbeirrbare Großengel mit kräftigem Anschwellen der Stimmen den Zusammenbruch des Gesanges verhindert hätten.

Einer von ihnen ging dem gefährlichen Schweigen nach. Mit bewährtem Kopfnicken ordnete er das weitere Singen in der Umgebung und wandte sich dem kleinen Engel zu.

„Warum willst du nicht singen?“, fragte er ihn streng.

Er antwortete: „Ich will ja singen. Ich habe meinen Part gesungen bis zum ‚Ehre sei Gott in den Höhen‘. Aber als dann das mit dem ‚Frieden auf Erden unter den Menschen‘ kam, konnte ich nicht mehr weiter mitsingen. Auf einmal sah ich die vielen römischen Soldaten in diesem Land und in allen Ländern. Immer und überall verbreiten sie Krieg und Schrecken, bringen Junge und Alte um und nennen das römischen Frieden. Und auch wo nicht Soldaten sind, herrschen Streit und Gewalt, fliegen Fäuste und böse Worte zwischen den Menschen und regiert die Bitterkeit gegen Andersdenkende. Sogar dieses Paar mit dem neugeborenen Kind musste wegen der Militärsteuer nach Betlehem ziehen, und wer weiß, was die Menschen mit diesem Kind machen werden!“

„Weißt denn du es?“, unterbrach ihn der Großengel.

„Nein, ich weiß es nicht und kann es nicht voraussehen“, erwiderte der Kleine. „Aber das, was ich sehe, genügt mir. Es ist nicht wahr, dass auf Erden Friede unter den Menschen ist, und ich singe nicht gegen meine Überzeugung!“ Und er zeigte ein trotziges Gesicht. Einige seiner jüngeren Nachbarn riefen laut Beifall.

„Schweigt! – vielmehr: Singt!“, rief der große Engel ihnen zu und nahm den jungen Rebellen zur Seite. Dort sprach er ihm zu: „Du willst also wissen, was Friede ist? Du lässest zu, dass friedloser Gedanke durch dein Gemüt zieht, und steckst andere mit deiner Unruhe an. Du brichst die Harmonie unseres Gotteslobes und störst die Einheit der himmlischen Welt, weil dir der Unfriede der menschlichen Welt zu schaffen macht? Du verstehst nicht, was in dieser Nacht in Betlehem geschehen ist, und willst die Not der ganzen Welt verstehen?“

Der kleine Engel verteidigte sich: „Ich behaupte nicht, alles zu verstehen. Aber ich merke doch den Unterschied zwischen dem, was wir singen und dem, was auf Erden ist. Diese Spannung hält kein Engel aus.“

Der große Engel schaute ihn lange schweigend an. Er sah wie abwesend aus. Es war, als ob er auf eine höhere Weisung lauschen würde. Dann nickte er und begann zu reden: „Gut. Du leidest am Zwiespalt zwischen Himmel und Erde, zwischen der Höhe und der Tiefe. So wisse denn, dass in dieser Nacht eben dieser Zwiespalt überbrückt wurde. Dieses Kind, das geboren wurde und um dessen Zukunft du dir Sorgen machst, soll unseren Frieden in die Welt bringen. Gott gibt in dieser Nacht seinen Frieden allen und will auch den Streit der Menschen gegen ihn beenden. Deshalb singen wir, auch wenn die Menschen dieses Geheimnis mit all seinen

Hans Memling, Musizierende Engel, um 1490. Detail eines Triptychons, Tafelmalerei der ehem. Orgeltribüne der Kirche S. Maria la Real in Najrea (Kastilien). Antwerpen, Musée des Beaux-Arts.

Auswirkungen noch nicht hören und verstehen. Wir übertönen mit unserem Gesang nicht den Zwiespalt, wie du meinst. Wir singen das neue Lied."

Der kleine Engel rief: „Wenn es so ist, singe ich gerne weiter."

Der Große schüttelte den Kopf und sprach: „Du wirst nicht mitsingen. Du wirst einen anderen Dienst übernehmen. Du wirst nicht mit uns in die Höhe zurückkehren. Du wirst von heute an den Frieden Gottes und dieses Kindes zu den Menschen tragen. Tag und Nacht wirst du unterwegs sein. Du sollst an ihre Häuser pochen und ihnen die Sehnsucht nach ihm in die Herzen legen. Du musst bei ihren trotzigen und langwierigen Verhandlungen dabei sein und mitten ins Gewirr der Meinungen und Drohungen deinen Gedanken fallen lassen. Sie werden dir die Tür weisen; aber du wirst auf den Schwellen sitzen bleiben und hartnäckig warten. Du musst ihre heuchlerischen Worte aufdecken und die andern gegen die falschen Töne misstrauisch machen, damit die wahre Meinung zum Vorschein kommt, und sie erschrecken. Du musst die Unschuldigen unter deine Flügel nehmen und ihr Geschrei an uns weiterleiten. Du wirst nichts zu singen haben, du wirst viel zu weinen und zu klagen haben."

Der kleine Engel war unter diesen Worten zuerst

noch kleiner, dann aber größer und größer geworden, ohne dass er es selber merkte. Er wollte sich gegen diese schwere Aufgabe auflehnen, aber der andere Engel sagte: „Du hast es so gewollt. Du liebst die Wahrheit mehr als das Gotteslob. Dieses Merkmal deines Wesens wird nun zu deinem Auftrag. Und nun geh. Unser Gesang wird dich begleiten, damit du nie vergisst, dass der Friede in dieser Nacht zur Welt gekommen ist."
Während er noch redete, brach er von einer Palme einen Zweig und hauchte darauf. Und er sprach: „Nimm diesen Zweig mit dir. Er bewahrt den Geruch des Himmels und wird dich in den menschlichen Dünsten stärken." Dann ging er an seinen Platz im himmlischen Chor zurück und sang weiter.

Der Engel des Friedens aber setzte seinen Fuß auf die Felder von Betlehem. Er wanderte mit den Hirten zu dem Kind in der Krippe und öffnete ihnen die Herzen, dass sie verstanden, was sie sahen. Dann ging er in die weite Welt und begann zu wirken. Angefochten und immer neu verwundet tut er seither seinen Dienst und sorgt dafür, dass die Sehnsucht nach dem Frieden nie mehr verschwindet, sondern wächst, Menschen beunruhigt und dazu antreibt, Frieden zu suchen und zu schaffen. Wer sich ihm öffnet und ihm mithilft, hört plötzlich wie von ferne einen Gesang, der ihn ermutigt, das Werk des Friedens unter den Menschen weiterzutragen.

Ochs und Esel im Stall von Betlehem. Detail aus der großen Krippe von Hadamar (b. Limburg), geschaffen von Helmut Gebhard Piccolruaz, Tirol.

Wenn ein kleiner Engel sich große Sorgen macht

Der kleine Engel Benjamin faltet artig seine Flügel zusammen. Er pocht vorsichtig ans Wolkentor des großen Engels Gabriel. Streng schaut ihm Gabriel entgegen. „Hast du endlich deinen Auftrag erfüllt?", fragt er und zieht die Augenbrauen hoch. „Sind alle Tiere da unten in dem ärmlichen Stall auf das große Fest vorbereitet?"

„Ich hab' getan, was ich konnte", flüstert der kleine Engel. „Die munteren Vögel werden ihre Schnäbel nicht zu weit aufsperren, sondern ein leises sanftes Schlaflied für das Kind zwitschern. – Die große Eule wird das Kind nicht erschrecken mit ihren dunklen Flügeln, sondern sich brav auf den Dachbalken setzen und die Nacht mit ihren glühenden Augen ein bisschen heller machen. Die Putzengel haben die frechen Fliegen und Flöhe schon herausgewedelt. Die Schlange hat strengstes Einschleichverbot. Auf die vorwitzigen Mäuse passen Mausi und Peter, die schlauen Dorfkater, auf. Sie wissen ganz genau: Krallen zeigen – aber Fressverbot!

Nur Ochs und Esel machen mir Sorgen. Dieser einfältige Ochse ist ein missmutiger, langweiliger dummer Geselle. Er wedelt mir mit seinem eklig schmutzigen Schwanz vor der Nase herum, dass mir ganz schlecht wird. Dann drückt er seinen mächtigen Körper und den Kopf an die Stallwand, dass sich die Balken biegen. Dazu schnaubt er ganz widerlich, dass der Staub aufwirbelt. An dem haben wir keine Hilfe.

Und der Esel ist noch schlimmer. Er ist aufsässig und störrisch. Er besteht darauf, dass er nach der schweren Arbeit am Tage wenigstens in der Nacht in Ruhe fressen kann. – Der lässt nicht den kleinsten Strohhalm in der Krippe. Und er geht bestimmt nicht vor die Tür, um seine Notdurft zu verrichten. Der Ochse übrigens auch nicht."

„Na, das kann ja heiter werden!", meint Gabriel. „Was sollen wir machen?"

„Ich glaube", wagt der kleine Engel Benjamin schüchtern zu bemerken, „wenn Gott selber auf die Erde kommen will, wird er auch die störrischen Menschen und Tiere, sogar Ochs und Esel zur Vernunft bringen!"

„Warten wir's ab!", sagt Gabriel und faltet die Engelshände zu einem dringenden Stoßgebet.

Und dann geschieht wirklich das Wunder.

Die erschöpfte Maria, der müde aussehende Josef und das zitternde hilflose Kind rühren das Herz von Ochs und Esel. Und sie treten zur Seite, hauchen ihren Atem vorsichtig über die Krippe, holen immer wieder ein Maulvoll frisches Stroh herbei, treten vor die Tür, wenn es sein muss, wedeln die neugierigen Mücken und Fliegen fort, die sich immer wieder hineinwagen – kurz: Sie empfangen das Kind mit aller Liebe und Sorgfalt, deren das Herz eines Ochsen und Esels fähig ist.

„Die Menschen könnten sich an den Tieren ein Beispiel nehmen!", denkt der kleine Engel Benjamin gerührt.

Wohin fliegst du, kleiner Engel?

Ganz hoch am Himmel, weit über den düsteren Novemberwolken, schwebte eine weiße Schäfchenwolke. Wenn die Morgensonne sie anstrahlte, bekam sie hellrosa Ränder, und abends zogen tiefrote, lange Streifen über ihr weißes Wolkengewand. „Die ist etwas ganz Besonderes", sagten die anderen Wolken ein bisschen neidisch. „Da oben ist die Bastelwerkstatt der Weihnachtsengel!"

Sturm und Wind und Regen und Hagel und Schnee machten einen großen Bogen um die weiße Schäfchenwolke. „Fegt bloß nicht so nahe heran", hatte der Oberengel ihnen zugerufen. „Die vielen zarten Strohsterne und die Goldfäden und die bunten Vögel mit den Seidenschwänzen sind so empfindlich!"

Das ganze Jahr über waren die Weihnachtsengel fleißig gewesen. Schon im Januar dachten sie an das nächste Weihnachtsfest.

„Eigentlich ist der Januar so ein trauriger Monat", hatte der kleine Engel gesagt. „Da liegen die abgenadelten Tannenbäume übereinander an den Straßen und in den Gärten, und wir müssen sie trösten. Das macht gar keinen Spaß, die zerdrückten Strohsterne und die Reste von Goldpapier und Lametta wieder einzusammeln!"

Aber wenn die Engel dann alle wieder auf der Wolke saßen und mit ihren flinken zarten Händen das Goldpapier glätteten und die Silberfäden entwirrten, Krippenfiguren neu formten, die Nussknacker und Räuchermännchen schön lackierten, dann freuten sich alle schon auf das nächste Weihnachtsfest.

Der kleine Engel Gabriel aber war in diesem Jahr ganz ungewöhnlich still von seinem Erdenflug zurückgekehrt. Fest umschloss seine kleine Hand ein buntes, glänzendes Holzstück. Nein, es war kein gewöhnliches Holzstück. Es war eine kleine Holzpuppe mit einem ganz zerkratzten Gesicht.

Gabriel hielt sie an sein Ohr. Engel haben feine Ohren. Und Gabriel hörte, dass es innen drin ein klein wenig klimperte und klapperte. Er drehte an dem bunten Holz herum. Da öffnete es sich, und heraus fiel eine kleine Puppe, die hatte ganz zerkratzte Wangen, und die Augen waren verwischt, als ob Tränen draufgefallen wären.

Gabriel drehte weiter. Noch eine Puppe kullerte heraus; bei der war die bunte Farbe von dem Rock fast abgeblättert. Und die kleinste Puppe ganz drinnen hatte nur noch einen halben Kopf. Ganz traurig sah das aus. Gabriel legte die Stirn in Falten.

Und dann sah er wieder die kleine strohgedeckte, windschiefe Hütte am Rande des einsamen Dorfes vor sich. Der Sturm tobte über die endlose Weite. Er rüttelte an den Zäunen und Ställen der verlassenen Dörfer, weit, weit im Osten. Gabriel war viele Stunden lang über die schneeverwehten Täler und Hügel geflogen.

Gegen Abend tauchte dann eine armselige Hütte auf. Fast dunkel war es darin gewesen, nur der Lichtschein des Herdfeuers tanzte an den Scheiben entlang.

„Wie anders sieht es doch in den Städten aus", dachte Gabriel. „All die Lichterketten über den Einkaufsstraßen mit den hell erleuchteten riesigen Fenstern!" Und dann hatte er den kleinen Jungen gesehen, der in das zugefrorene Fenster

einen Spalt gehaucht hatte und mit großen Augen in die dunkle Nacht hinausschaute.
„Mischa, hol Wasser rein!“, hatte die Mutter ihm zugerufen. Da war der kleine Junge mit den Stiefeln in die Nacht hinausgestapft und hatte mühsam die Strohballen von der vereisten Pumpe neben der hohen Birke beiseite geräumt. Dann hatte er den Eimer voll gefüllt mit eiskaltem Wasser. Und dabei war ihm die hölzerne Puppe aus der Jackentasche gerutscht und in den tiefen Schnee gefallen.
„Ob er mich wohl gesehen hat?“, dachte Gabriel. „Vielleicht hat er das Rauschen meiner Flügel gehört. Warum hat er wohl nachher noch so lange am Fenster gestanden und hinausgeschaut?“

Die Monate gingen dahin. „Gabriel ist so still geworden“, sagten die anderen Engel. „Er spielt abends gar nicht mehr mit uns, wenn wir fertig sind mit dem Backen und Basteln. Er rutscht nicht mehr auf den Wolkenbergen herunter und spielt nicht mehr Verstecken in den Wolkentälern!“
„Ich hab’ zu tun“, sagte Gabriel kurz, wenn ihn die anderen zum Spielen abholen wollten.
Er hatte sich vom Himmelsschreiner einen großen Berg Holzabfälle geben lassen. Da schnitzte und sägte und feilte er eine Puppe nach der anderen. Auch Krippenfiguren entstanden unter seinen geschickten Händen. Ochs und Esel, Schafe, Kamele an der Krippe, Maria, Josef,

Adam Elsheimer (1578–1610),
Tobias und der Engel.
London, National Gallery.

Hirten und Könige standen auf dem langen Bord über seiner Hobelbank. Es wurden immer mehr, dass der Oberengel fragte: „Wie viele Kinder willst du eigentlich noch beschenken?“
„Eigentlich nur ein Kind und vielleicht seine Geschwister und Freunde dazu. Die haben es nötig, weit, weit im Osten, da, wo die Sonne aufgeht“, hatte Gabriel leise gesagt.
Und dann half er viele Wochen in der großen Wolkenbackstube bei den Bäckerengeln. Mit fleißigen Händen rührte er Mehl und Butter, Honig und Eier zusammen und fügte den duftenden Zimt und die Vanille und all die geheimen Gewürze zu, die nur Engel kennen.
Dann stach er die schönsten Figuren aus: Vögel und Fische und Sterne und Monde und auch runde Matruschkas, ganz ähnlich wie die hölzernen Puppen. Die verzierte er mit buntem Zuckerguss und Mandeln und Perlen.
Als die Schneeflocken um die weiße Schäfchenwolke tanzten, schnürte Gabriel seinen großen Sack und ließ sich in die Tiefe gleiten. Er schwebte und schwebte über die weiten weißen Schneefelder, die kein Ende zu nehmen schienen.
Da tauchte in der Ferne das einsame Dorf mit der windschiefen Hütte auf. Gabriel erkannte die strohumwickelte Pumpe neben der hohen Birke und fing an, gegen den tosenden Winterwind ein altes Weihnachtslied zu singen.

Traurig und schwermütig klang das, ganz anders als die jubelnden Engelschöre oben auf der Wolke. Gabriel wunderte sich selbst über die tiefen dunklen Töne, die der eisige Wind fast verschluckte.
Er lehnte den Sack gegen die Birke und schwang sich empor auf die kahlen Zweige. Da öffnete sich knarrend die Tür. Gabriel erkannte das schmale Jungengesicht unter der dicken Fellmütze. Der Junge stellte den Eimer ab und betrachtete staunend den dicken braunen Sack neben dem Birkenstamm. Goldfäden und Silberkugeln waren oben herumgeschlungen, und eine kleine bunte Puppe baumelte an der Seite herunter.
„Mamuschka, die Matruschka ist wieder da!“, rief der kleine Junge. „Und noch viel mehr ist hier in dem Sack! Wie das duftet! Komm, hilf mir! Nun können wir richtig Weihnachten feiern, richtig schöne Weihnachten!“
Der kleine Junge schaute mit großen Augen in die Wand aus rieselnden Schneeflocken.
Aber da hatte sich der kleine Engel Gabriel schon hoch emporgeschwungen. Und seine Flügel zitterten vor Freude.

Vom Himmel hoch, da komm ich her

4. Er bringt euch alle Seligkeit,
die Gott, der Vater, hat bereit't,
dass ihr mit uns im Himmelreich
sollt leben nun und ewiglich.

5. So merket nun das Zeichen recht;
die Krippe, Windelein so schlecht;
da findet ihr das Kind gelegt,
das alle Welt erhält und trägt.

6. Des lasst uns alle fröhlich sein
und mit den Hirten geh'n hinein,
zu seh'n, was Gott uns hat beschert,
mit seinem lieben Sohn verehrt.

7. Merk' auf, mein Herz, und sieh' dort hin:
Was liegt doch in dem Krippelein?
Wer ist das schöne Kindelein?
Es ist das liebe Jesulein.

8. Ach Herr, du Schöpfer aller Ding',
wie bist du 'worden so gering,
dass du da liegst auf dürrem Gras,
davon ein Ochs und Esel aß.

9. Das hat also gefallen dir,
die Wahrheit anzuzeigen mir:
Wie aller Welt Macht, Ehr' und Gut
vor dir nichts gilt, nichts hilft noch tut.

10. Ach, mein herzliebes Jesulein,
mach' dir ein fein sanft' Bettelein,
zu ruh'n in meines Herzens Schrein,
dass ich nimmer vergesse dein!

T/M: Martin Luther
Notensatz: © B. Schott's Söhne

Mögliche Eingangsstrophe:

Es kam ein Engel hell und klar
von Gott auf's Feld zur Hirtenschar;
der war gar sehr von Herzen froh
und sprach zu ihnen fröhlich so:

T: Valentin Triller

Weihnachten

Arno Holz

Und wieder nun lässt aus dem Dunkeln
die Weihnacht ihre Sterne funkeln!
Die Engel im Himmel hört man sich küssen,
und die ganze Welt riecht nach Pfeffernüssen ...

So heimlich war es die letzten Wochen,
die Häuser nach Mehl und Honig rochen,
die Dächer lagen dick verschneit,
und fern, noch fern schien die schöne Zeit.
Man dachte an sie kaum dann und wann.
Mutter teigte die Kuchen an,
und Vater, dem mehr der Lehnstuhl taugte,
saß daneben und las und rauchte.
Da, plötzlich, eh man sich's versah,
mit einmal war sie wieder da.

Mitten im Zimmer steht nun der Baum!

Man reibt sich die Augen und glaubt es kaum ...
Die Ketten schaukeln, die Lichter wehn,
Herrgott, was gibt's da nicht alles zu sehn!
Die kleinen Kügelchen und hier
die niedlichen Krönchen aus Goldpapier!
Und an all den grünen, glitzernden Schnürchen
all die unzähligen, kleinen Figürchen:

Möhren, Schlittschuhläufer und Schwälbchen,
Elefanten und kleine Kälbchen,
Schornsteinfeger und trommelnde Hasen,
dicke Kerle und rote Nasen,
reiche Hunde und arme Schlucker
und alles, alles aus purem Zucker!
Ein alter Herr mit weißen Bäffchen
hängt grade unter einem Äffchen.
Und hier gar schält sich aus seinem Ei
ein kleiner, geflügelter Nackedei.
Und oben, oben erst in der Krone!
Da hängt eine wirkliche, gelbe Kanone
und ein Husarenleutnant mit silbernen Tressen –
ich glaube wahrhaftig, man kann ihn essen!

In den offenen Mäulerchen ihre Finger
stehn um den Tisch die kleinen Dinger,
und um die Wette mit den Kerzen
puppern vor Freuden ihre Herzen.
Ihre großen, blauen Augen leuchten,
indes die unsern sich leise feuchten.
Wir sind ja leider schon längst „erwachsen",
uns dreht sich die Welt um andre Achsen,
und zwar zumeist um unser Bureau.
Ach, nicht wie früher mehr macht uns froh
aus Zinkblech eine Eisenbahn,
ein kleines Schweinchen aus Marzipan.
Eine Blechtrompete gefiel uns einst sehr,
der Reichstag interessiert uns heut mehr;
auch sind wir verliebt in die Regeldetri
und spielen natürlich auch Lotterie.
Uns quälen tausend Siebensachen.
Mit einem Wort, um es kurz zu machen,
wir sind große, verständige, vernünftige Leute!

Nur eben heute nicht, heute, heute!

Und über uns kommt es wie ein Traum,
ist nicht die Welt heut ein einziger Baum,
an dem Millionen Kerzen schaukeln?
Alte Erinnerungen gaukeln
aus fernen Zeiten an uns vorüber,
und jede klagt: Hinüber, hinüber!
Und ein altes Lied fällt uns wieder ein:
o selig, o selig, ein Kind noch zu sein!

Himmlische Engelsgrüße

Das wird gebraucht
Eine Backmischung „Buttergebäck" (500 g), 200 g weiche Butter, etwa 2 Esslöffel Wasser, etwas Mehl zum Ausrollen, Puderzucker, Lebensmittelfarbe; zum Verzieren Liebesperlen, kleine Zuckerröschen, Pistazien, Schokoplättchen.

So wird's gemacht
Zutaten mischen und mit dem Knethaken des Handrührgerätes den Teig gut durchkneten. – Danach eine halbe Stunde in den Kühlschrank stellen. Den Teig nicht zu dick ausrollen, Figuren ausstechen: Engel, Sterne und Mond, Nikolaus usw. – Die Plätzchen auf ein mit Backpapier ausgeschlagenes Blech legen, etwa 10–14 Minuten auf mittlerer Schiene im Backofen backen. – Puderzucker mit Lebensmittelfarben (gelb und rot) und etwas Milch anrühren. Figuren damit bestreichen und mit Zuckerröschen, Liebesperlen usw. verzieren.

Himmelsleckerli

Das wird gebraucht
250 g weiße Traubenschokolade, 6 Butterkekse, 100 g Mandelstifte, 50 g geröstete Haselnüsse, 1/2 Teelöffel Vanillezucker.

So wird's gemacht
Schokolade im Wasserbad schmelzen. – Kekse zerbröseln und mit den Mandelstiften, Haselnüssen und Vanillezucker unter die flüssige Schokolade rühren. Wenn die Masse zu fest wird, etwas Sahne hinzufügen. – Eine Kastenform mit Backpapier auskleiden, Masse hineinfüllen, im Kühlschrank erstarren lassen. – Nach einigen Stunden Kastenform stürzen und die geformte Masse in Stangen schneiden.

Engel im Federkleid

Das wird gebraucht
Naturfarbene Märchenwolle, weiße Federn, Goldfaden, Klebesternchen in Gold, evtl. Stopfnadel.

So wird's gemacht
Aus Märchenwolle einen Kopf formen und etwas Wolle um den Hals wickeln. Dann etwas mehr Märchenwolle nehmen und um den Hals legen. – Zwei große weiße Federn als Flügel in die Wolle stecken. Wenn du möchtest, schmückst du deinen Engel mit einem goldenen Stern.

Tipp
Als Aufhängefaden einen Goldfaden verwenden. Wenn du magst, kannst du viele Engel an einen schönen Zweig hängen. Dann tanzen die Engel einen Engelreigen!

Eltern-Tipp
Märchenwolle gibt es in verschiedenen Farben. Kinder lieben dieses weiche Material, weil es gut formbar und vielseitig verwendbar ist.

Krippe in der Kirche Maria Lindenberg (b. St. Peter), Südschwarzwald.

Ihr Kinderlein, kommet

4. O beugt wie die Hirten anbetend die Knie,
erhebet die Händ'lein und danket wie sie.
Stimmt freudig, ihr Kinder – wer sollt' sich
nicht freu'n? –
Stimmt freudig zum Jubel der Engel mit ein!

5. Was geben wir Kinder, was schenken wir dir,
du bestes und liebstes der Kinder, dafür?
Nichts willst du von Schätzen und Reichtum
der Welt,
ein Herz nur voll Demut allein dir gefällt.

6. So nimm unsre Herzen zum Opfer denn hin;
wir geben sie gerne mit fröhlichem Sinn;
und mache sie heilig und selig wie dein's,
und mach sie auf ewig mit deinem in eins.

T: Christoph von Schmid
M: nach einer Volksweise: Johann A. P. Schulz
Notensatz: © B. Schott's Söhne

Der kleine Engel aus Goldpapier

Rudolf Otto Wiemer

Es muss eine windige Gegend gewesen sein, sagen wir, in Wilhelmshaven, und der Engel war wirklich sehr klein, vielleicht nicht größer als eine Hand, und eine solche Hand hatte ihn kurz vor Weihnachten aus Goldpapier geschnitten. Jetzt war Weihnachten vorbei, das Christbäumchen hatte man abgeräumt und auf den Balkon gestellt. Da stand es nun, nackt und bloß, und war traurig. Der Flitter war weg, die bunten Glaskugeln lagen wieder im Karton, die Stümpfe der Kerzen, die so feierlich gebrannt hatten, waren aus den Blechhaltern gekratzt. Zwar gab es am Baum noch ein paar Lamettafäden, aber das sah erst recht trostlos aus, zumal die roten Äpfelchen, die Biskuits und Schokoladenkringel allesamt aufgegessen waren. Nur der kleine Engel aus Goldpapier hing noch im grünen Gezweig. Ursprünglich waren es zwölf Engel gewesen; elf hatte man eingepackt, den zwölften vergaß man, und der war nun allein.

„Es wird immer kälter", sagte der Christbaum. Tatsächlich, der Wind, der vom Meer herkam, fegte über den offenen Balkon. Der kleine Engel schaukelte ein wenig, das gefiel ihm. Es erinnerte ihn an die Abende im Wohnzimmer, als die flackernden Kerzen die Luft ebenfalls zittern ließen. „Schön war das", sagte der Engel, „ich zitterte ebenso. Manchmal schwebte ich ein bisschen, und ich hoffte, ich könnte sogar fliegen."

Der Christbaum brummte grämlich vor sich hin, weil der Wind ihn hart anfasste. Zittern kannte er wohl, doch vom Fliegen hatte er nie geträumt. „Liegt dir so viel daran?", fragte er den kleinen Engel.

Der richtete sich ein wenig auf: „Aber natürlich. Ich habe nie an etwas anderes gedacht."

Dem Christbaum, der sich mit Mühe an der Balkonecke festhielt, fielen plötzlich die kleinen Vögel ein, die früher durch seine Zweige gehuscht waren.

„Richtig", sagte er, „die Vögel flogen ja auch. Sogar im Wind flogen sie, das machte ihnen Spaß."

„Mir würde es noch besser gefallen", sagte der kleine Engel.

„Warum?"

„Weil ich ein Engel bin. Ich habe doch Flügel."

„Sogar aus Goldpapier", bestätigte der Christbaum. „Bist du darauf etwa stolz?"

„Nein", sagte der kleine Engel, „Engel sind nie stolz. Nicht mal auf Goldpapier."

„So, so", brummte der Christbaum. Er wollte nicht ausdrücklich sagen, dass er selber ein wenig stolz gewesen war, als er geschmückt und mit brennenden Kerzen in der Weihnachtsstube stand. Und weil ihm, der ebenfalls nur ein kleines Bäumchen war, der kleine Engel Leid tat, fragte er: „Was hast du davon, ein Engel zu sein, wenn du nicht einmal stolz sein darfst?"

Der kleine Engel schwieg. Nach einer Weile sagte er: „Engel müssen verkünden."

„Verkünden?", wunderte sich der Christbaum. „Hast du das getan?"

„Ja", antwortete der kleine Engel, „aber meine Stimme ist sehr leise. Und die Trompete ist auch nicht groß. Ich weiß nicht, ob die Leute es gehört haben."

„Ich verstehe", sagte der Christbaum, „deshalb willst du jetzt noch woandershin fliegen."

„Ja", sagte der kleine Engel, „das wäre mir recht. Doch ich bin ja an deinem Zweig festgemacht."

In diesem Augenblick wurde aus dem Wind, der vom Meer kam, ein richtiger Sturm. Darauf hatte der Christbaum gewartet. Er brauchte die Zweige nur ein wenig auszubreiten, da hob der Sturm ihn aus dem offenen Balkon hoch in die Luft und trug ihn weit über Straßen und Baumwipfel davon.

„Wir fliegen!", rief der Christbaum, während er ein wenig ängstlich über die Hausdächer wirbelte, an dicken Schornsteinen und Lichtmasten vorbei.

Der kleine Engel hatte keine Angst. Für Engel gibt es ja nichts Schöneres als Fliegen. Und er hatte es sich obendrein so sehr gewünscht.

Am nächsten Morgen aber lag der Christbaum auf der Straße. Manchmal rollte er ein Stück weiter, weil der Sturm noch immer vom Meer her wehte. Die Straßen waren leer. Nur ein kleines Mädchen, das in die Schule wollte, kam vorbei und bückte sich zu dem rollenden Christbaum herab. Da hing doch etwas zwischen den Zweigen?

„Ein Engel!", rief das Mädchen und zog das Goldpapier vom Baum. Doch der Sturm riss es ihr sofort aus der Hand.

Das Mädchen blickte noch lange hinterher, bis die goldenen Flügel hinter dem Dachfirst verschwanden. Ja, und niemand weiß nun, wohin der kleine Engel geflogen ist.

Im Zeichen der Heiligen Nacht

Hirten, Krippe, Knusperhäuschen

Im Zeichen der Heiligen Nacht

„Markt und Straßen stehn verlassen, still erleuchtet jedes Haus“ – so beschreibt Joseph von Eichendorff den Zauber der Weihnacht. Theodor Storm erlebt die Weihnachtszeit wie einen goldenen Kindertraum. Er fühlt, dass ein Wunder geschehen ist. Ist es nicht so, dass wir uns angesichts der heutigen weihnachtlichen Hektik nach jener stillen Zeit vor über hundert Jahren sehnen?

Nehmen wir uns nicht immer wieder in den Dezembertagen vor, auf hektische Betriebsamkeit zu verzichten?

Aber dann geschieht es jedes Jahr wieder: Die alten Rituale, die wir noch aus der Kinderzeit her kennen, nehmen uns gefangen. Der Duft der selbstgebackenen Zimtsterne erfüllt das Haus, die Kinder basteln mit Goldpapier und Engelshaar und zaubern Sterne und leuchtende Transparente an die Fenster. Die alten Weihnachtslieder erklingen, der Zauber der Krippendarstellungen alter Meister nimmt uns wieder gefangen. Alte Bräuche, lieb gewordene Rituale werden lebendig. „Segne den Vater, die Mutter und das Kind“, heißt es in dem alten Weihnachtslied: „Süßer die Glocken nie klingen“, das noch oft in der Familie gesungen wird, ‚weil Großmutter es so gerne hört‘.

Weihnachten – das Fest der Familie. Und im Lukasevangelium heißt es: „Und sie fanden beide, Maria und Josef, dazu das Kind in der Krippe liegen.“ Maria und Josef – Inbegriff einer liebenden Zuneigung zweier Menschen zu einem schutzlosen Kind, Zeichen einer heilen Familie.

Wir können dankbar sein, wenn unsere Kinder in einer so heilen Umgebung aufwachsen dürfen und wenn auch wir Erwachsenen gerne an unsere Kinderjahre zurückdenken und unsere lieb gewordenen weihnachtlichen Traditionen an unsere Kinder weitergeben können.

Aber vielen Menschen ist dieser Schutz einer intakten Familie verloren gegangen: allein erziehenden Müttern oder Vätern und vielen älteren einsamen Menschen.

Aber auch im Familienkreis können sich besonders die Mütter allein gelassen und überfordert fühlen, und es fällt ihnen oft schwer, den Zugang zu einer erfüllten Weihnachtszeit zu finden. Vielleicht ist es an der Zeit, das Weihnachtsfest auch einmal aus einer anderen Perspektive zu sehen, alte Rituale mit neuen Ideen zu verknüpfen. Ein Weg dazu wäre, dass wir uns ab und zu von all unseren täglichen Pflichten zurückziehen, uns eine „Insel der Ruhe“, des Verweilens und der Muße gönnen – einfach still werden, in eine Kerze schauen und den Tannenduft einatmen, vertraute Gedichte lesen, schöne Weihnachtsbilder betrachten, eine Weihnachtsgeschichte lesen. Dann wächst uns auch die Kraft zu, Zeit für andere Menschen in den Weihnachtstagen zu haben, Zeit zum Zuhören, zum Anteilnehmen, zum Trösten, zum Liebeschenken. Zeit zum Danken für die Geschenke, die wir empfangen haben: Augen, die das Gold der Sterne und das sanfte Grün des Tannenbaumes sehen, Ohren, die den jubelnden Klang der Weihnachtslieder vernehmen, Hände, die Kerzen anzünden, ein Mund, der Worte des Dankes findet, ein Herz, das sich freuen kann. So heißt es im Lukasevangelium: „Maria aber behielt alle diese Worte und bewegte sie in ihrem Herzen."

„Weihnachten zeigt, dass die Sehnsucht sich auch heute als stärker erweist als alle postmoderne Skepsis. Bilder von Weihnachten wollen uns bei allen Zweifeln und Enttäuschungen Hoffnung machen, mitten im Wechsel und Strudel der Zeiten einen festen Stand zu finden, von dem aus wir mit uns und unserer Welt neu anfangen können" (ANSELM GRÜN).

Das Wort „Weihnachten" ist vom mittelhochdeutschen „ze den wihen nahten", d. h. „zu den heiligen Nächten" abgeleitet. Das Fest der Geburt Christi – das „Weihnachtsfest" – wurde erst im 12. Jahrhundert so benannt. Seit dem 4. Jahrhundert wird dieses Fest am 25. Dezember gefeiert; es beginnt am Vorabend, dem Heiligabend.

Weihnachtsmarkt im elsässischen Städtchen Riquewihr.

Die liebe Weihnachtszeit

Theodor Storm

Vom Himmel in die tiefsten Klüfte
ein milder Stern herniederlacht;
es brennt der Baum, ein süß Gedüfte
durchschwimmet träumerisch die Lüfte,
und kerzenhelle wird die Nacht.

Mir ist das Herz so froh erschrocken,
das ist die liebe Weihnachtszeit!
Ich höre fernher Kirchenglocken
mich lieblich heimatlich verlocken
in märchenstille Einsamkeit.

Ein frommer Zauber hält mich wieder,
anbetend, staunend muss ich stehn;
es sinkt auf meine Augenlider
ein goldner Kindertraum hernieder.
Ich fühl's: Ein Wunder ist geschehn.

Weihnachten

Joseph von Eichendorff

Markt und Straßen stehn verlassen,
still erleuchtet jedes Haus,
sinnend geh ich durch die Gassen,
alles sieht so festlich aus.

An den Fenstern haben Frauen
buntes Spielzeug fromm geschmückt,
tausend Kinder stehn und schauen,
sind so wunderstill beglückt.

Und ich wandre aus den Mauern
bis hinaus ins freie Feld,
hehres Glänzen, heil'ges Schauern!
Wie so weit und still die Welt!

Sterne hoch die Kreise schlingen,
aus des Schnees Einsamkeit
steigt's wie wunderbares Singen –
o du gnadenreiche Zeit!

Oberbayerische Krippe aus dem Jexhof-Bauernmuseum, Landkreis Fürstenfeldbruck, Gemeinde Schöngeising.

Ich steh' an deiner Krippe hier

3. Ich lag in tiefster Todesnacht,
du warest meine Sonne, die Sonne,
die mir zugebracht
Licht, Leben, Freud' und Wonne.
O Sonne, die das werte Licht
des Glaubens in mir zugericht',
wie schön sind deine Strahlen!

4. Ich sehe dich mit Freuden an
und kann nicht satt mich sehen;
und weil ich nun nichts weiter kann,
bleib' ich anbetend stehen.
O dass mein Sinn ein Abgrund wär'
und meine Seel' ein weites Meer,
dass ich dich möchte fassen!

Musizierende Hirten. Detail aus der Krippe von Hadamar, geschaffen von Helmut Gebhard Piccolruaz.

5. O dass doch so ein lieber Stern
soll in der Krippen liegen!
Für edle Kinder großer Herrn
gehören güldne Wiegen.
Ach Heu und Stroh ist viel zu schlecht,
Samt, Seide, Purpur wären recht,
dies Kindlein drauf zu legen.

6. Nehmt weg das Stroh, nehmt weg das Heu!
Ich will mir Blumen holen,
dass meines Heilands Lager sei
auf lieblichen Violen;
mit Rosen, Nelken, Rosmarin
aus schönen Gärten will ich ihn
von oben her bestreuen.

7. Eins aber, hoff ich, wirst du mir,
mein Heiland, nicht versagen:
dass ich dich möge für und für
in meinem Herzen tragen.
So lasse mich dein Kripp'lein sein;
komm, komm und kehre bei mir ein,
du und all' deine Freuden.

T: Paul Gerhardt 1653
M: Wittenberg 1529
Notensatz: © B. Schott's Söhne

Die Heilige Nacht

Selma Lagerlöf

Als ich fünf Jahre alt war, hatte ich einen großen Kummer. Ich weiß kaum, ob ich seitdem einen größeren gehabt habe. Das war, als meine Großmutter starb. Bis dahin hatte sie jeden Tag auf dem Ecksofa in ihrer Stube gesessen und Märchen erzählt. Ich weiß es nicht anders, als daß Großmutter dasaß und erzählte, vom Morgen bis zum Abend, und wir Kinder saßen still neben ihr und hörten zu. Das war ein herrliches Leben. Es gab keine Kinder, denen es so gut ging wie uns.

Ich erinnere mich nicht an sehr viel von meiner Großmutter. Ich erinnere mich, daß sie schönes, kreideweißes Haar hatte und daß sie sehr gebückt ging und daß sie immer dasaß und an einem Strumpf strickte. Dann erinnere ich mich auch, daß sie, wenn sie ein Märchen erzählt hatte, ihre Hand auf meinen Kopf zu legen pflegte, und dann sagte sie: „Und das alles ist so wahr, wie daß ich dich sehe und du mich siehst." [...]

... noch heute, nach vierzig Jahren, wie ich da sitze und die Legenden über Christus sammle, die ich drüben im Morgenland gehört habe, wacht die kleine Geschichte von Jesu Geburt, die meine Großmutter zu erzählen pflegte, in mir auf. Und ich bekomme Lust, sie noch einmal zu erzählen und sie auch in meine Sammlung aufzunehmen.

Es war an einem Weihnachtstag, alle waren zur Kirche gefahren, außer Großmutter und mir. Ich glaube, wir beide waren im ganzen Haus allein. Wir hatten nicht mitfahren können, weil die eine zu jung und die andere zu alt war. Und alle beide waren wir betrübt, daß wir nicht zum Mettegesang fahren und die Weihnachtslichter sehen konnten.

Aber wie wir so in unserer Einsamkeit saßen, fing Großmutter zu erzählen an.

„Es war einmal ein Mann", sagte sie, „der in die dunkle Nacht hinausging, um sich Feuer zu leihen. Er ging von Haus zu Haus und klopfte an.

‚Ihr lieben Leute, helft mir!', sagte er. ‚Mein Weib hat eben ein Kindlein geboren, und ich muß Feuer anzünden, um es und den Kleinen zu erwärmen.'
Aber es war tiefe Nacht, so daß alle Menschen schliefen, und niemand antwortete ihm.
Der Mann ging und ging. Endlich erblickte er in weiter Ferne einen Feuerschein. Da wanderte er dieser Richtung zu und sah, daß das Feuer im Freien brannte. Eine Menge weißer Schafe lag rings um das Feuer und schlief, und ein alter Hirt wachte über der Herde. Als der Mann, der Feuer leihen wollte, zu den Schafen kam, sah er, daß drei große Hunde zu Füßen des Hirten ruhten und schliefen. Sie erwachten alle drei – bei seinem Kommen und sperrten ihre weiten Rachen auf, als ob sie bellen wollten, aber man vernahm keinen Laut. Der Mann sah, daß sich die Haare auf ihrem Rücken sträubten, er sah, wie ihre scharfen Zähne funkelnd weiß im Feuerschein leuchteten und wie sie auf ihn losstürzten. Er fühlte, daß einer nach seiner Hand schnappte und daß einer sich an seine Kehle hängte. Aber die Kinnladen und die Zähne, mit denen die Hunde beißen wollten, gehorchten ihnen nicht, und der Mann litt nicht den kleinsten Schaden.

Nun wollte der Mann weitergehen, um das zu finden, was er brauchte. Aber die Schafe lagen so dicht nebeneinander, Rücken an Rücken, daß er nicht vorwärts kommen konnte. Da stieg der Mann auf die Rücken der Tiere und wanderte über sie hin dem Feuer zu. Und keins von den Tieren wachte auf oder regte sich."
So weit hatte Großmutter ungestört erzählen können, aber nun konnte ich es nicht lassen, sie zu unterbrechen. „Warum regten sie sich nicht, Großmutter?", fragte ich.
„Das wirst du nach einem Weilchen schon erfahren", sagte Großmutter und fuhr mit ihrer Geschichte fort. „Als der Mann fast beim Feuer angelangt war, sah der Hirt auf. Es war ein alter, mürrischer Mann, der unwirsch und hart gegen

Weihnachten: Szene in den Fresken der Unterkirche von Assisi.

alle Menschen war. Und als er einen Fremden kommen sah, griff er nach seinem langen, spitzigen Stab, den er an der Hand zu halten pflegte, wenn er seine Herde hütete, und warf ihn nach ihm. Und der Stab fuhr zischend gerade auf den alten Mann los, aber ehe er ihn traf, wich er zur Seite und sauste, an ihm vorbei, weit über das Feld."
Als Großmutter so weit gekommen war, unterbrach ich sie abermals. „Großmutter, warum wollte der Stock den Mann nicht schlagen?" Aber Großmutter ließ es sich nicht einfallen, mir zu antworten, sondern fuhr mit ihrer Erzählung fort.
„Nun kam der Mann zu dem Hirten und sagte zu ihm: ‚Guter Freund, hilf mir und leih mir ein wenig Feuer. Mein Weib hat eben ein Kindlein geboren, und ich muß Feuer machen, um es und den Kleinen zu erwärmen.' Der Hirt hätte am liebsten nein gesagt, aber als er daran dachte, daß die Hunde dem Mann nicht hatten schaden können, daß die Schafe nicht vor ihm davongelaufen waren und daß sein Stab ihn nicht fällen wollte, da wurde ihm ein wenig bange, und er wagte es nicht, dem Fremden das abzuschlagen, was er begehrte. ‚Nimm, so viel du brauchst', sagte er zu dem Mann.
Aber das Feuer war beinahe ausgebrannt. Es waren keine Scheite und Zweige mehr übrig, sondern nur ein großer Gluthaufen, und der Fremde hatte weder Schaufel noch Eimer, worin

er die roten Kohlen hätte tragen können. Als der Hirt dies sah, sagte er abermals: ‚Nimm, so viel du brauchst!' Und er freute sich, daß der Mann kein Feuer wegtragen konnte. Aber der Mann beugte sich hinunter, holte die Kohlen mit bloßen Händen aus der Asche und legte sie in seinen Mantel. Und weder versengten die Kohlen seine Hände, als er sie berührte, noch versengten sie seinen Mantel, sondern der Mann trug sie fort, als wenn es Nüsse oder Äpfel gewesen wären."

Aber hier wurde die Märchenerzählerin zum dritten Mal unterbrochen: „Großmutter, warum wollte die Kohle den Mann nicht brennen?"

„Das wirst du schon hören", sagte Großmutter, und dann erzählte sie weiter.

„Als dieser Hirt, der ein so böser, mürrischer Mann war, dies alles sah, begann er sich bei sich selbst zu wundern. ‚Was kann dies für eine Nacht sein, wo die Hunde nicht beißen, die Schafe nicht erschrecken, der Stab nicht tötet und das Feuer nicht brennt?' Er rief den Fremden zurück und sagte zu ihm: ‚Was ist dies für eine Nacht? Und woher kommt es, daß alle Dinge dir Barmherzigkeit zeigen?'

Da sagte der Mann: ‚Ich kann es dir nicht sagen, wenn du selber es nicht siehst.' Und er wollte seiner Wege gehen, um bald ein Feuer anzünden und Weib und Kind wärmen zu können.

Aber da dachte der Hirt, er wolle den Mann nicht ganz aus dem Gesicht verlieren, bevor er erfahren hätte, was dies alles bedeutete. Er stand auf und ging ihm nach, bis er dorthin kam, wo der Fremde daheim war. Da sah der Hirt, daß der Mann nicht einmal eine Hütte hatte, um darin zu wohnen, sondern er hatte sein Weib und sein Kind in einer Berggrotte liegen, wo es nichts gab als nackte, kalte Steinwände.

Aber der Hirt dachte, das arme, unschuldige Kindlein würde vielleicht dort in der Grotte erfrieren, und obgleich er ein harter Mann war, wurde er davon ergriffen und beschloß, dem Kind zu helfen. Und er löste sein Ränzel von der Schulter und nahm daraus ein weiches, weißes Schaffell hervor. Das gab er dem fremden Mann und sagte, er möge das Kind darauf betten.

Aber in demselben Augenblick, in dem er zeigte, daß auch er barmherzig sein kannte, wurden ihm die Augen geöffnet, und er sah, was er vorher nicht hatte sehen, und hörte, was er vorher nicht hatte hören können.

Er sah, daß rund um ihn ein dichter Kreis von kleinen, silberbeflügelten Englein stand. Und jedes von ihnen hielt ein Saitenspiel in der Hand, und alle sangen sie mit lauter Stimme, daß in dieser Nacht der Heiland geboren sei, der die Welt von ihren Sünden erlösen solle. – Da begriff er, warum in dieser Nacht alle Dinge so froh waren, daß sie niemandem etwas zuleide tun wollten.

Und nicht nur rings um den Hirten waren Engel, sondern er sah sie überall. Sie saßen in der Grotte, und sie saßen auf dem Berge, und sie flogen unter dem Himmel. Sie kamen in großen Scharen über den Weg gegangen, und wie sie vorbeikamen, blieben sie stehen und warfen einen Blick auf das Kind.

Es herrschte eitel Jubel und Freude und Singen und Spiel, und das alles sah er in der dunklen Nacht, in der er früher nichts zu gewahren vermocht hatte. Und er wurde so froh, daß seine Augen geöffnet waren, daß er auf die Knie fiel und Gott dankte."

Aber als Großmutter so weit gekommen war, seufzte sie und sagte: „Aber was der Hirte sah, das könnten wir auch sehen, denn die Engel fliegen in jeder Weihnachtsnacht unter dem Himmel, wenn wir sie nur zu gewahren vermögen."

Und dann legte Großmutter ihre Hand auf meinen Kopf und sagte: „Dies sollst du dir merken, denn es ist so wahr, wie daß ich dich sehe und du mich siehst. Nicht auf Lichter und Lampen kommt es an, und es liegt nicht an Mond und Sonne, sondern was not tut, ist, daß wir Augen haben, die Herrlichkeit Gottes zu sehen."

Deutsch von Marie Franzos

Eine einfache, schöne Krippe basteln

So wird's gemacht

Ihr könnt die Krippenfiguren – nach den Fotos – durchpausen und mit leuchtenden Farben anmalen. Dann klebt ihr sie auf Pappe und schneidet sie aus. Ihr knickt den unteren Rand nach hinten um und klebt einen Kartonwinkel auf die Rückseite. Nun könnt ihr eure Krippe auf bauen. Als Hintergrund für die Krippe eignen sich Holzreste, Baumrinde oder Karton.

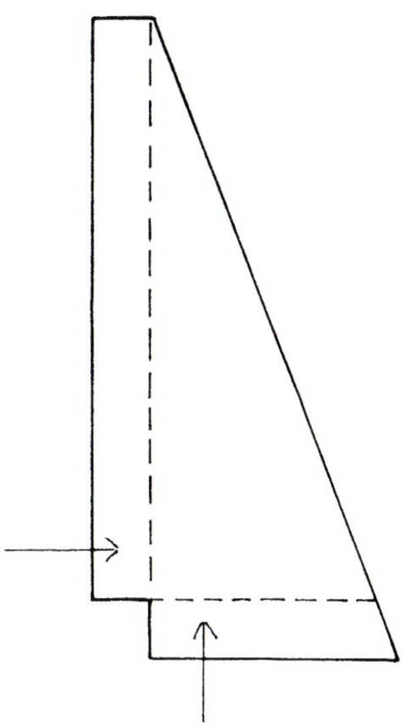

Den Ständer an den Linien knicken und ankleben.

Kleine Geschichte der Krippenspiele

Schon in den ersten Jahrhunderten nach Christi Geburt gab es einfache szenische Darstellungen von der Geburt des Krippenkindes. Diese frühen Spiele gerieten in Vergessenheit. Im Mittelalter wurden die „Krippenspiele" neu entdeckt.
Die Themen des Weihnachtsevangeliums wie Erscheinung und Verkündigung des Engels, die Herbergssuche, die Engel auf dem Hirtenfeld, Herodes und die Weisen aus dem Morgenland wurden szenisch in Spielen dargestellt. Dichter, wie der Nürnberger Hans Sachs, verfassten weihnachtliche Rollenspiele. Im 19. Jahrhundert setzten sich die volkstümlichen Weihnachtsspiele in Familien, Kindergruppen und Kirchenräumen durch. Heute gibt es kaum eine Kirchengemeinde, in der nicht in der Adventszeit ein Krippenspiel eingeübt wird, das oft in besonderer Weise mit der jeweiligen Örtlichkeit verbunden ist.

Die Zuschauer und Zuhörer werden in das Spiel mit einbezogen, insbesondere durchs Mitsingen der in das Spiel eingebundenen Lieder. Wenn das Hirtenfeld örtlich vertraute Namen trägt, wenn die Hirten und Könige durch bekannte Gegenden ziehen, dann kann ein solches Spiel zu einem persönlichen Erlebnis werden. Dies gilt auch in besonderer Weise, wenn innerhalb der Familie in den Weihnachtstagen ein Krippenspiel gespielt wird. Warum sollten der Großvater, der Onkel, die Tante nicht namentlich als Wirtsleute genannt werden? Die Hirten können die Namen der Kinder in der Familie tragen und für die Rollen der Maria, des Josef und des Engels werden sich sicher auch Darsteller finden.
Wer keine Sprechrollen übernehmen möchte, kann im Kreis der Tiere als Ochse, Esel, Schaf oder Ziege eine „stumme Rolle" übernehmen.

„Ehlenbogener Krippenspiel" von Ernst August Zeuner, Ehlenbogen im Kinzigtal.

Was soll es bedeuten?

Hirtenspiel zur Heiligen Nacht

Bei diesem Spiel treten die einzelnen Spieler aus dem Kreis heraus auf die Spielfläche, um ihre Verse zu sprechen und zu spielen. Die übrigen Kinder singen zu Anfang und am Schluss zusammen mit den Gästen das bekannte Hirtenlied „Was soll es bedeuten ...?“.
Wer das Spielstück im Rahmen einer Weihnachtsfeier aufführen und aufwendiger gestalten möchte, kann als Szenenbild die Hirten mit ihren Schafen um ein „Feuer“ herum gruppieren.

Rollen
5 Hirten, 1 Engel

Vorbereitung
Die Hirten bekommen alte Hüte und Wollwesten, einen Hirtenstab oder eine Laterne. Vielleicht haben einige Kinder aus der Gruppe ein Schaf als Stofftier oder einen Hund, der dann ein Hirtenhund sein wird. Als „Feuer“ werden einige Holzscheite in der Mitte der Bühne aufgeschichtet.
Der Engel trägt ein einfaches, langes weißes Kleid. An einem Reif auf seinem Kopf leuchtet ein Stern aus Glanzfolie. In der Hand trägt er einen langen Stab, an dessen Ende ebenfalls ein großer Stern glitzert.

Spielform
Alle Kinder der Gruppe singen zusammen mit den Gästen das Anfangslied. Dann kauern die Hirten um das „Feuer“ herum. Sie sind unruhig und sehen sich nach ihren Tieren um. Sie singen gemeinsam die zweite Liedstrophe, bevor sie ihre Verse sprechen und dazu spielen. Der Engel steht im Bühnenhintergrund und tritt erst hervor, wenn der erste Hirte von den hell glänzenden Sternen spricht. Das Spiel endet mit einer weiteren Liedstrophe.

Zu Beginn singen alle Kinder zusammen mit den Gästen die erste Strophe des Hirtenliedes „Was soll es bedeuten...“.

Gemeinsames Lied, 1. Strophe: „Was soll es bedeuten ...“ (s. S. 115.)

1. Was soll das bedeuten, es taget ja schon.
Ich weiß wohl, es geht erst um Mitternacht ’rum.
Schaut nur daher, schaut nur daher!
Wie glänzen die Sternlein, je länger je mehr.

Die 2. Strophe wird von den Hirten allein gesungen:

2. Treibt z’sammen, treibt z’sammen die Schäflein fürbaß,
Treibt z’sammen, treibt z’sammen, dort zeiget sich was:
Dort in dem Stall, dort in dem Stall
werd’t Wunderding’ sehen, treibt z’sammen einmal.

Erster Hirte (verwundert)
Was ist das heut’ für eine Nacht?
Ich hab’ kein Auge zugemacht!

Zweiter Hirte
Ich ziehe nun schon Stund’ um Stunde
rings um die Herde meine Runde.
Die Schafe blöken aufgeregt,
sie trippeln und kein’s sich niederlegt.

Dritter Hirte
Sogar die Hunde steh’n und zittern,
ob sie vielleicht ein Raubtier wittern?

Vierter Hirte (ängstlich)
Was lauert dort hinter den Hecken,
wird sich ein Wolf wohl dort verstecken?

Fünfter Hirte (beruhigend)
Ich hab' ein Feuer angemacht,
das soll uns wärmen in der Nacht.

Erster Hirte
Die Sterne leuchten so hell und klar,
wie es noch nie gewesen war.
Und hell und heiter wird der Schein,
o weh, der Himmel stürzt nun ein!

Der Engel tritt aus dem Kreis hervor. Die Hirten weichen zurück, einige fallen zu Boden und verstecken ihre Gesichter in ihren Händen. Während der Engel spricht, schauen sie überrascht hinter ihren Händen hervor und erheben sich staunend.

Engel
Ihr Hirten, fürchtet euch doch nicht,
Gott sendet selbst dies heile Licht.
Die Botschaft soll euch heut erreichen,
Gott schickt euch allen dieses Zeichen.
Das Christkind liegt in einem Stalle,
es ist geboren für uns alle!
Lauft hin, so schnell ein jeder kann,
seht in der Krippe das Kind euch an.
Und hört nun, was die Engel singen:
Dies Kind wird Frieden und Freude bringen.

Der Engel tritt zurück in den Bühnenhintergrund. – Die Hirten gehen umher und sprechen aufgeregt miteinander.

Zweiter Hirte
Der Engel sprach im hellen Licht.
Ich glaube ihm, er irrt sich nicht.

Dritter Hirte
Ihr Hirten, ein Wunder ist geschehen,
wir wollen eilends zum Stalle gehen.

Vierter Hirte
Ein kleines Kind in Stroh und Heu!
Habt warme Felle ihr dabei?

Fünfter Hirte
Auch Milch und Käse nehm' ich mit.
Wir laufen los mit schnellem Schritt.

Erster Hirte
Und wenn dies Kind uns Frieden bringt,
dann sagt es allen Menschen, kommt und singt.
Holt ab viele Freunde im Sternenschein,
wir alle treten zum Stalle hinein.

Lied der Hirten, alle gemeinsam:
(Nach der Melodie: „Was soll es bedeuten ...",
3. Strophe)

3. Wir hörten die Engel mit fröhlichem Schall.
Wir treiben die Schafe hinab in das Tal.
Kommt mit geschwind, kommt mit geschwind.
Wir wollen nun ziehen zum Krippenkind.

G Am7 G G D4 3
1.
1. Was soll das be - deu - ten, es ta - get ja schon,
ich weiß wohl, es geht erst um Mit - ter - nacht
2. Treibt z'sam - men treibt z'sam - men die Schäf - lein für - baß,
treibt z'sam - men treibt z'sam - men dort zei - get sich
D D G G D
2.
'rum. Schaut nur da - her, schaut nur da - her wie
was: Dort in dem Stall, dort in dem Stall werd't
G D7 Em G H D7 G
glän - zen die Stern - lein je län - ger, je mehr.
Wun - der - ding' se - hen, treibt z'sam - men ein - mal.

Das Weihnachtsevangelium nach Lukas

Lukas 2,1–20

In jenen Tagen erließ Kaiser Augustus den Befehl, alle Bewohner des Reiches in Steuerlisten einzutragen. Dies geschah zum ersten Mal; damals war Quirinius Statthalter von Syrien. Da ging jeder in seine Stadt, um sich eintragen zu lassen.
So zog auch Josef von der Stadt Nazaret in Galiläa hinauf nach Judäa in die Stadt Davids, die Betlehem heißt; denn er war aus dem Haus und Geschlecht Davids. Er wollte sich eintragen lassen mit Maria, seiner Verlobten, die ein Kind erwartete. Als sie dort waren, kam für Maria die Zeit ihrer Niederkunft, und sie gebar ihren Sohn, den Erstgeborenen. Sie wickelte ihn in Windeln und legte ihn in eine Krippe, weil in der Herberge kein Platz für sie war.
In jener Gegend lagerten Hirten auf freiem Feld und hielten Nachtwache bei ihrer Herde. Da trat der Engel des Herrn zu ihnen, und der Glanz des Herrn umstrahlte sie. Sie fürchteten sich sehr, der Engel aber sagte zu ihnen: „Fürchtet euch nicht, denn ich verkünde euch eine große Freude, die dem ganzen Volk zuteil werden soll: Heute ist euch in der Stadt Davids der Retter geboren; er ist der Messias, der Herr. Und das soll euch als Zeichen dienen: Ihr werdet ein Kind finden, das, in Windeln gewickelt, in einer Krippe liegt."
Und plötzlich war bei dem Engel ein großes himmlisches Heer, das Gott lobte und sprach: „Verherrlicht ist Gott in der Höhe, und auf Erden ist Friede bei den Menschen seiner Gnade."
Als die Engel sie verlassen hatten und in den Himmel zurückgekehrt waren, sagten die Hirten zueinander: „Kommt, wir gehen nach Betlehem, um das Ereignis zu sehen, das uns der Herr verkünden ließ." So eilten sie hin und fanden Maria und Josef und das Kind, das in der Krippe lag. Als sie es sahen, erzählten sie, was ihnen über dieses Kind gesagt worden war. Und alle, die es hörten, staunten über die Worte der Hirten. Maria aber bewahrte alles, was geschehen war, in ihrem Herzen und dachte darüber nach. Die Hirten kehrten zurück, rühmten Gott und priesen ihn für das, was sie gehört und gesehen hatten; denn alles war so gewesen, wie es ihnen gesagt worden war.

Hauptszene der großen Krippe von Hadamar (b. Limburg), geschaffen von Helmut Gebhard Piccolruaz, Tirol.

Ist das ein besonderes Kind?

Der Himmel über den Feldern von Bethlehem ist dunkel geworden. Der rote Streif am Horizont ist in ein mattes Grau übergegangen. Nur ab und zu klappert noch ein eiliger Fuß über das Pflaster. Josua, der Zimmermann, holt sein Schnitzmesser. Er hat den ganzen Tag über Balken gehobelt für das Dach des Nachbarn. Nun, in der

Abendstunde, schnitzt er weiter an den Holzfiguren für den kleinen Micha. Der freut sich jeden Morgen, wenn wieder ein neues Schäfchen, ein Hund, ein Hirte, Kamele und Palmen auf dem Fensterbrett stehen.
Nach jeder neuen Figur greift der Kleine mit leuchtenden Augen. Er läuft zu seinem Bauernhof, den er sich im Sand hinter dem Haus aufgebaut hat. Eine ganze Schafherde hat er schon beisammen. Sogar zwei Wölfe hat ihm der Vater geschnitzt. Die stellt Micha ein Stück entfernt hinter eine Palme. Die Schafe hat er mit leuchtend weißer Farbe angemalt. – Am allerschönsten ist ihm ein kleines Schäfchen geraten. – „Der Junge ist geschickt!“, stellt der Vater fest. „Wie er das lockige Fell gestaltet hat, richtig echt!“
„Das ist mein Lieblingsschäfchen!“, hört er auf einmal eine Stimme hinter sich. – „Micha, du solltest doch längst schon schlafen!“, sagt Josua.
„Vater, komm doch aufs Dach!“, ruft Micha ganz aufgeregt. „Schau mal, dort drüben bei den Palmen, über dem alten Stall vom Kronenwirt! Da steht ein heller Stern! Der Stall ist auch richtig hell, als ob es brennt. Und so viele Leute laufen dorthin. Da ist irgendetwas los, vielleicht ist Feuer ausgebrochen und wir können löschen helfen. Darf ich mit?“
Josua kneift die Augen zusammen. „Das Kind hat Recht“, denkt er. „Das ist der Stall, wo ich vorgestern erst ein paar morsche Balken ausgebessert habe. Und unter die Futterkrippe habe ich Stützbretter genagelt; ganz schief hatte die gestanden. Wär’ schade, wenn die ganze Arbeit umsonst war.“
Er beugt sich zu Micha hinunter. „Hier, nimm dein Schäfchen. Du darfst mitkommen, ausnahmsweise. Wenn du auch eigentlich ins Bett gehörst, nach Sonnenuntergang!“ – Mit großen Schritten eilt Josua über die Steine. Micha hat Mühe mitzukommen.

Vor dem Stall drängt sich eine Menge Leute. „Das sind ja die Hirten von den Feldern draußen vor Bethlehem!“, sagt Josua. Er erkennt den alten Daniel, den Lukas und Ruben. Wie verändert die sind! Ihre Augen leuchten. Sie werfen die Arme hoch und jubeln und reden von einem neugeborenen Kind, dem Heiland, von Engeln, die ihnen draußen im hellen Licht erschienen sind.
„Nein, betrunken sind die nicht“, denkt Josua. „Nur sehr eigenartig!“ Er nimmt Micha fest an die Hand. „Die Hirten rennen dich noch um, so aufgeregt sind die“, sagt Josua leise.
Dann tritt er mit Micha in den Stall. Sein Blick fällt auf die Futterkrippe. „Na, die steht fest und gerade“, denkt er. „Gute Zimmermannsarbeit! Die kann vollgepackt werden mit Stroh und Heu für die Tiere!“
Ein bärtiger Mann hält die Laterne hoch. Das Licht fällt auf das Gesicht eines kleinen Kindes. Wie das strahlt! Wie das leuchtet! „So ein Kind, in solch einem ärmlichen Stall in einer Krippe! Und die Mutter daneben: wie erschöpft, wie armselig die aussieht“, denkt Josua. Er beugt sich zu Micha hinunter: „Wir kommen morgen früh wieder und bringen den Leuten warme Decken und etwas zu essen“, flüstert er.
„O ja, ich komme mit“, sagt Micha fröhlich. Er reicht dem bärtigen Mann sein kleines Lieblingsschaf. „Schau nur, Vater“, flüstert Micha. „Das Kind schaut mich an! Es kann sich schon richtig freuen, so ein kleines Kind!“
„Geh’ nur ganz nah an die Krippe heran“, sagt der bärtige Mann leise.
Aus der Krippe strahlt ein leuchtendes Licht und macht den dunklen Stall ganz hell. – „Das soll einer begreifen“, denkt Josua. „Nun hab’ ich die Dachbalken neu gesetzt und das Dach ausgebaut. Und doch leuchtet der helle Stern vom Himmel immer noch hindurch, gerade auf das Kind!“
„Ich glaub’, das ist ein besonderes Kind“, flüstert Micha.

Weihnachtslieder

Schon seit dem 3. Jahrhundert wurden in den Weihnachtstagen von den Gläubigen bestimmte Wechselgesänge gesungen. Die Sprache in den Gottesdiensten, auch bei den Gesängen, war Latein.
Mit der Reformationszeit im 16. Jahrhundert begann die Geschichte der deutschsprachigen Kirchenlieder. MARTIN LUTHERS „Vom Himmel hoch“ (siehe Kapitel 5: Im Zeichen der Engel – Vom Himmel hoch, da komm ich her) hat seinen Ursprung in alten kirchlichen Gesängen. Zunächst erklangen die weihnachtlichen Lieder nur bei festlichen Anlässen in der Kirche. Erst viel später, im 19. Jahrhundert, hielten die schönen Weihnachtslieder auch Einzug in die Familien.

Stille Nacht, Heilige Nacht

Wie und wo ist dieses wohl berühmteste Weihnachtslied entstanden? JOSEPH MOHR (1792–1848) in Oberndorf bei Salzburg soll am Heiligabend 1918 entsetzt festgestellt haben, dass der Blasebalg in der Orgel der Nikolauskirche in Oberndorf von Mäusen zerfressen war. Sein Freund FRANZ XAVER GRABER, der Lehrer und Organist im Ort war, konnte gut Gitarre spielen. So entwarf JOSEPH MOHR die drei Strophen des Liedes „Stille Nacht, Heilige Nacht“, die der Freund komponierte und bei der Christmette vorspielte.
Text und Melodie gelangten in die Hände des Zillertaler Volksliederquartetts und wurden als tirolische Volksweise im Alpenraum vorgetragen. Den Siegeszug in alle Welt aber trat dieses Lied durch eine Verordnung der Königlichen Hofkapelle in Berlin an, auf deren Anordnung FRANZ GRUBER seine „authentische Veranlassung zur Komposition des Weihnachtsliedes ‚Stille Nacht, Heilige Nacht‘“ schrieb. Heutzutage wird dieses Lied in fast allen Sprachen der Welt in der Weihnachtszeit gesungen.

Stille Nacht, Heilige Nacht

T: Joseph Mohr
M: Franz Gruber
Notensatz: © B. Schott's Söhne

O du fröhliche

T: Johannes Daniel Falk

„Puer natus est nobis" (Ein Kind ist uns geboren), aus einem Graduale des 15. Jahrhunderts. Stiftsbibliothek Einsiedeln, Cod. 600(4), Bl. 19v.

Süßer die Glocken nie klingen

T: Friedrich Wilhelm Kritzinger
M: Nach einer Volksweise aus Thüringen
Notensatz: © B. Schott's Söhne

Knusperhaus

Das wird gebraucht
Teig: 1 kg Honig, 1/4 l Wasser, 650 g Roggenmehl, 600 g Weizenmehl, 40 g Lebkuchengewürz, 1 Ei, 30 g Natron.
Eiweißspritzglasur: 1 kg gesiebter Puderzucker, 4–5 Eiweiß, Saft einer 1/2 Zitrone.

So wird's gemacht
Honig mit Wasser unter Rühren aufkochen, dann abkühlen lassen. Mehl auf ein Backbrett sieben und Lebkuchengewürz darüber streuen. In die Mitte eine Vertiefung drücken und den fast erkalteten Honig hineingeben. Alle Zutaten zu einem geschmeidigen Teig verkneten. Zuletzt Natron kräftig in den Teig einarbeiten. – Den Teig zugedeckt mindestens zwei bis drei Tage durchziehen und ruhen lassen.
Den Teig dann portionsweise etwa 1/2 cm dick ausrollen und auf ein mit Backpapier belegtes Blech geben. – Nach einer halben Stunde Ruhezeit im vorgeheizten Ofen bei 180° (Umluft 160°, Gas Stufe 2) 12 bis 15 Minuten backen.

Für das Häuschen am besten Pappschablonen zuschneiden: Boden DIN A 4, zwei Dachplatten DIN A 5 (jeweils Papiermaße), zwei Giebelwände und zwei Seitenwände. Schon auf der Schablone Türen und Fenster festlegen. Die Hausteile dann aus der noch warmen Teigplatte mit einem scharfen Küchenmesser ausschneiden. Geklebt wird mit einer Eiweißspritzglasur: Dazu Eiweiß und gesiebten Puderzucker vermengen und rühren, bis eine leicht zähe Konsistenz erreicht ist. Zuletzt Zitronensaft untermischen. Die Glasur mit einem feuchten Tuch abdecken, damit sie nicht austrocknet oder Krusten bildet. Die Spritzglasur nun mit einem Messer dick auf die Schnittstellen auftragen. Zuerst die Rückwand und die beiden Seitenwände auf die Bodenplatte drücken, dann die Frontwand festkleben. Kurz antrocknen lassen.
Zuletzt die Dachplatten befestigen. Beim Ausschmücken sind der Fantasie keine Grenzen gesetzt. Aus den Reststücken kann man beispielsweise einen Kamin, einen Zaun, eine Tür und Fensterläden herausschneiden. Spekulatius werden zu Dachziegeln. Mit Spritzglasur lassen sich Eiszapfen anbringen: Eine Spritztüte ansetzen und einfach nach unten ziehen. Goldtaler, Gummibärchen, Schokonüsse, bunte Kringel, Gebäck, Mandeln, Nüsse und vieles mehr verwandeln das Backwerk zu einem märchenhaften Knusperhaus.

Im Zeichen von Weihnachten

Weihnacht bei uns und überall

Weihnachten bei uns und unseren Nachbarn

Bei uns zu Hause und auch in den Häusern vieler Freunde gibt es einen schönen Brauch: Quer durchs Wohnzimmer wird eine Schnur gespannt, und all die eintreffenden Weihnachtsgrüße aus Nah und Fern werden mit Wäscheklammern daran aufgehängt.

Diese Kartengrüße erzählen etwas von der Vielfalt der Bräuche und Sitten in aller Welt. – Da gibt es Krippendarstellungen aus den südlichen Ländern, bei denen Palmen und Kakteen neben dem Stall stehen. Da gibt es die wunderschönen farbigen Tonkrippen aus Spanien und Portugal. Da erscheinen die Krippenfiguren dunkelfarbig aus dem afrikanischen Kulturkreis. Es gibt die hölzernen Krippendarstellungen von den Philippinen, Bambuskrippen aus Taiwan, Ebenholzkrippen aus Tansania, Strohkrippen aus Mexiko.

Das Weihnachtsfest wird überall in der Welt gefeiert, wo Menschen in vielfältigen Formen und auf ihre Weise der Freude über die Geburt des göttlichen Kindes Ausdruck geben. Zu hören sind jedes Jahr die Weihnachtsgrüße des Papstes in vielen Sprachen an alle Christen in der Welt.

In den Zelten der Nomaden am Polarkreis, unter den Mandelbäumen in Griechenland und Spanien, in hochsommerlicher Hitze in Brasilien – überall erinnern sich die Menschen in der Weihnachtszeit an das kleine schutzlose Kind im Stall bei Bethlehem und die Worte des Engels an die Hirten: „Euch ist heute der Heiland geboren, welcher ist Christus, der Herr."

Die Sehnsucht nach Frieden, nach einem Leben in Würde und Freiheit ohne das Elend der hungernden Straßenkinder in den Slums wird jedes Jahr wieder lebendig und lädt neben aller Festlichkeit auch zur Nachdenklichkeit ein.

Geburt Christi. Holzschnitzarbeit aus Polen, Ende 20. Jh. Sammlung Hans Jürgen Rau, Ober-Kainsbach.

„Frohe Weihnachten“ in verschiedenen Sprachen

Frohe Weihnachten (deutsch)
Merry Christmas (englisch)
Joyeux Noël (französisch)
Feliz Navidad (spanisch)
Glad Jul (schwedisch)
Gledig Jul (norwegisch)
Hauskaa Joulua (finnisch)
Wesołych Świat (polnisch)
Nollaig shona duit (irisch)
Sarbatori Fericite (rumänisch)
Sretan Bozic (serbokroatisch)
Boas Festas (portugiesisch)
Buon Natale (italienisch)
Vesele Vanoch (tschechisch)
Merry X-mas (Abkürzung in den USA)
Vrolyk Kerstfeest (niederländisch)
Glaedelig Jul (dänisch)

Kaschubisches Weihnachtslied

Werner Bergengruen

Wärst du, Kindchen, im Kaschubenlande,
wärst du, Kindchen, doch bei uns geboren!
Sieh, du hättest nicht auf Heu gelegen,
wärst auf Daunen weich gebettet worden.

Nimmer wärst du in den Stall gekommen,
dicht am Ofen stünde warm dein Bettchen,
der Herr Pfarrer käme selbst gelaufen,
dich und deine Mutter zu verehren.

Kindchen, wie wir dich gekleidet hätten!
Müsstest eine Schaffellmütze tragen,
blauen Mantel von kaschubischem Tuche,
pelzgefüttert und mit Bänderschleifen.

Hätten dir den eigenen Gurt gegeben,
rote Schuhchen für die kleinen Füße,
fest und blank mit Nägelchen beschlagen.
Kindchen, wie wir dich gekleidet hätten!

Kindchen, wie wir dich gefüttert hätten!
Früh am Morgen weißes Brot mit Honig,
frische Butter, wunderweiches Schmorfleisch,
mittags Gerstengrütze, gelbe Tunke,

Gänsefleisch und Kuttelfleck mit Ingwer,
fette Wurst und goldnen Eierkuchen,
Krug um Krug das starke Bier aus Putzig,
Kindchen, wie wir dich gefüttert hätten!

Und wie wir das Herz dir schenken wollten!
Sieh, wir wären alle fromm geworden,
alle Knie würden sich dir beugen,
alle Füße Himmelswege gehen.

Niemals würde eine Scheune brennen,
sonntags nie ein trunkner Schädel bluten –
wärst du, Kindchen, im Kaschubenlande,
wärst du, Kindchen, doch bei uns geboren!

Hirtenszene aus der großen Krippe von Hadamar (b. Limburg), geschaffen von Helmut Gebhard Piccolruaz, Tirol.

„Ach, wenn doch ...!“

Rumold Küchenmeister

„Ach, wenn doch ...!“ Das kann der trostlose Seufzer zu später Reue sein. Dann lähmt er und macht unfrei. „Ach, wenn doch ...!“ Das kann auch der Ausruf einer Flucht in die Zukunft sein, die sich ein Traumreich erhofft. Dann lässt er die Wirklichkeit vergessen und verlieren. Wenn aber dieser allen bekannte Ausruf uns wohl in die Vergangenheit zurückblicken lässt und sich zugleich spielend Möglichkeiten vorstellt, die heiter Zeit und Raum sprengen, dann hat er als eine Art Anleitung zu schöpferischer und nachdenklicher Phantasie eine Qualität, wie sie ein gutes und heiteres Spiel in sich birgt.

„Ach, wenn doch das Christkind bei uns geboren worden wäre!“ – Das ist kein neues und erst recht kein ehrfurchtsloses Spiel. Das haben die Maler durch Jahrhunderte hindurch fröhlich und anregend gespielt. Das spielen in gläubiger Naivität und in Freude an Gottes Möglichkeiten heute noch die Künstler Afrikas oder Asiens. Auf den Altarbildern unserer Kirchen ragen deutsche Stadttürme über den Stall von Bethlehem, knien Menschen in der Tracht der Lutherzeit an der Krippe. Waren die Künstler ungebildet und ohne ausreichende Geschichtskenntnis? Nein, aber sie wussten, dass der Kern der biblischen Botschaft sagt: Christus ist in jedem Gottesdienst in Köln geboren oder in Kiel oder in Berlin. Und unsere schwarzen und gelben Brüder sind keine Rassisten und keine Vertreter neuer abseitiger Theologien, wenn sie uns ein strahlendes schwarzes Christuskind vor Augen malen oder einen kleinen Eskimo oder einen Indianer. Sie bekennen damit glücklich: Er gehört zu uns. Wir nehmen ihn auf.

In der Literatur ist der Versuch, dieses „Ach, wenn doch ...!“ aus heiterer Glaubensphantasie in nachdenkliche Vorstellungen umzusetzen, weitaus seltener. Mit den Gedichten dieses Buches aber werden Sie eingeladen, einmal verschiedene Länder der Erde zu besuchen und sich heiter, aber nicht oberflächlich zu fragen: Was hätten wir denn getan, wenn das Jesuskind ein Kind unseres Landes gewesen wäre? Hätten wir ihm wirklich stolz alles zeigen sollen? Was lieben wir an unserem Land, und was braucht noch viel Liebe? Und – das ist die ernsthafte Frage beim heiter-nachdenklichen Spiel – was hätten wir denn mit ihm gemacht, wenn aus dem Krippenkind der Mann geworden wäre in unserem Land? Wir sind doch immer Bethlehem und Jerusalem zugleich in jeder Stadt und in jedem Land.

Kindlein, wärst du doch in Deutschland, Kindlein, wärst du doch bei uns geboren!

Hoch im Norden würden wir dir blaues Wasser zeigen,
weites Wattenmeer, die Ebbe und die Flut.
Alle Fischer würden sich vor dir verneigen,
und die frische Luft, die tät dir gut!

Abends siehst du dann den Leuchtturm blinken,
und das Nebelhorn, das tutet in der Nacht,
von den Booten würden dir die Menschen winken,
Burgen bau'n im Sand dir Freude macht.

Hier in Deutschland gibt's nicht heiße Wüstenwinde,
in der Nacht, da heult hier kein Schakal.
Ganz gehorsam ist der Sturm dem Kinde,
grüne Wiesen siehst du überall.

Und wir würden Burgen dir und Schlösser zeigen,
Kirchen, wie du niemals sie geschaut,
kannst mit uns hoch auf die Kirchturmspitzen steigen,
neue Dome hätten wir für dich gebaut.

Dann im Winter kannst du in die Berge fahren,
Kind, wir packen dich in Decken wohlig ein.
Weiß sind alle Wege, an dem wunderbaren
Schnee kannst du dich so erfreu'n.

Nein, bei uns, da brauchst du nicht zu frieren,
jede Stube, jedes Haus sind warm.
Du schläfst nicht im Stroh wie damals bei den Tieren,
weich ruhst du in Federbetten wie in deiner Mutter Arm.

Deinen Frieden willst du allen Menschen bringen,
Hoffnung jeder Stadt und jedem Haus.
Lasst uns Gottes Botschaft weitersagen,
tragt das Licht in unsre dunkle Welt hinaus.

Wie die Menschen in Skandinavien Weihnachten feiern

In der dunklen Winterzeit feierte man im Norden – als dort das Christentum noch gar nicht bekannt war – Lichterfeste. Das Weihnachtsfest heißt im skandinavischen Raum Jul- oder Yulfest, was auch „Rad der Sonne" heißen könnte. Es war in manchen Gegenden üblich, brennende Holzräder die Berge hinabrollen zu lassen. – Kleine Wichtel sind in Skandinavien die Gabenbringer. Sie heißen in Schweden Jultomte, in Dänemark Julemond, in Finnland Joulupukki. Ihnen helfen die Nissen, die kleinen Wichteln mit roten Mützen. Man stellt ihnen zum Dank einen Teller mit süßem Haferbrei oder Milchreis vor die Tür.

Ein besonderes Schmuckelement in den nordischen Ländern ist der Julbock, ein ziegenbockartiges, aus Stroh geflochtenes Tier, das Tannenbäume und Türen schmückt.

In Schweden wird am 13. Dezember der Lucia-Tag gefeiert. Die älteste Tochter des Hauses weckt morgens, mit einem Lichterkranz und weißem Gewand gekleidet, die Eltern und Geschwister. – Die heilige Lucia lebte der Sage nach im 2./3. Jahrhundert in Syrakus auf Sizilien. Sie hat verfolgte Christen bei Nacht mit Lebensmitteln versorgt. Um im Dunkeln den Weg zu finden, trug sie einen Lichterkranz auf dem Kopf. Ihres Glaubens wegen musste sie sterben.

Der Umzug der Lucienbräute in Schweden.

Feliz Navidad – Fröhliche Weihnachten

Wie die Menschen in Spanien Weihnachten feiern

In Spanien werden, ähnlich wie in Italien, in vielen Ortschaften große Krippen aufgebaut, die Beldn (Bethlehem) heißen. Dabei tauchen immer wieder regionale Besonderheiten bei der Gestaltung der Krippe auf. In den bergigen Gebieten erscheinen als Krippenlandschaft schön gestaltete Felsformationen, sprudeln Quellen aus den Steinen hervor; in manchen Teilen des Landes sieht man Windmühlen, maurische Leuchttürme, Olivenbäume, Salinen, die die Krippe umgeben.

Nach der Mitternachtsmesse am 24. Dezember feiern die Menschen bis tief in die Nacht. In Landesteilen mit mildem Klima werden nachts Kohlenfeuer angezündet, um die die Menschen herumtanzen und dabei singen. Tamburin und Pauken begleiten die „villancicos“, die spanischen Weihnachtslieder. In den Familien gibt es Truthahn, Mandelsuppe und viel süßes Marzipan zum Fest. – Weihnachtlich geschmückte Tannen sieht man selten. Die Berghänge müssen in vielen Teilen des Landes aufgeforstet werden, und die Tannen sind rar und teuer. Aber man sieht oft Palmen, Pinien und südliche Bäume vor den Häusern mit Kugeln und Kerzen geschmückt.

Die Kinder werden erst am 6. Januar beschert. Sie bringen Heu und Stroh für die Pferde der Heiligen Drei Könige in die Schule mit und stellen sie vor die Tür. Besonders schön sind die Dreikönigsumzüge in den Straßen. Auf prächtig geschmückten Pferden reiten die Heiligen Drei Könige mit großem Gefolge durch die Stadt. Sie werfen den Kindern Bonbons zu. Alle Balkone sind festlich beleuchtet.

Kindlein, wärst du doch in Spanien, Kindlein, wärst du doch bei uns geboren!

Sieh – die Esel sind vertraute Tiere.
Hör – sie schreien freudig dir: „I a!“
Und du findest Ochsen und die Stiere,
alle rufen: „Unser Kind ist da!“

Spürst du warm die hellen Sonnenstrahlen?
Sieh, das Kohlenfeuer brennt bei Nacht.
Alle lachen, tanzen dir zur Wonne,
wiegen in den Schlummer dich ganz sacht.

Die Zigeuner würden für dich singen,
und du kannst Flamenco tanzen seh’n,
alle werden Wein, Oliven bringen,
voller Andacht, Kind, an deiner Krippe steh’n.

Und sie würden dir die Hohlen zeigen,
Felsenhöhlen sind dir ja vertraut,
alle werden sich vor dir verneigen,
und sie sagen: „Welch ein Kind! O schaut!“

Über die Meséta wirst du reiten,
stein’ge Wege kennst du, karg und kahl,
doch wir würden sicher dich geleiten,
und bei uns kämst du in keinen Stall!

Wo Murillo und El Greco malten,
wo Velasquez Farben mischte wunderbar,
werden wir dir unsre alten Bilder zeigen,
dich inmitten einer Engelschar.

Die Alhambra könntest du betreten,
schöne Rosen wär’n für dich bestellt!
Und wir würden alle zu dir beten,
kämst du, Kindlein, doch bei uns zur Welt.

Spanische Marzipaneckchen

Das wird gebraucht
250 g feiner Zucker, 250 g geschälte, gemahlene Mandeln, abgeriebene Schale einer 1/2 unbehandelten Orange, 1/2 Teelöffel gemahlener Kardamom, 1 Teelöffel fein gehackter Anis, Mark einer kleinen Vanilleschote, 3 Eigelb, 1 Eiweiß, Oblaten 24 x 22 cm.

So wird's gemacht
Alle Zutaten bis auf Eigelb und Eiweiß in einer Schüssel mischen. Eigelb schaumig schlagen und unter die Mandelmasse kneten. Eiweiß steif schlagen und unterheben. Backblech mit Oblaten auslegen, die Mandelmasse etwa 1,5 cm dick aufstreichen, mit Oblaten belegen und leicht beschwert über Nacht kühl stellen. Danach in Rauten oder Vierecke schneiden. Um ein allzu rasches Austrocknen zu verhindern, sollte man das Konfekt am besten in Zellophan einpacken, eventuell einzeln wie Bonbons.

Kindlein, wärst du doch in Dänemark, Kindlein, wärst du doch bei uns geboren!

An den Küsten findest du die Dünen,
und du siehst den langen, breiten Strand.
Liebes Kind, so komm zu uns nach Fünen,
spiel im warmen, weichen, weißen Sand.

Alle unsre Inseln auf dich warten,
viele grüne Wiesen kannst du seh'n,
pflück die Blumen dir im schönsten Garten,
und für dich sich alle Mühlenflügel dreh'n.

Wenn im Winter deine Hände frieren,
wenn der kalte Sturm ums Haus dann fegt,
werden wir an den Kamin dich führen,
und wir haben dicke Scheite nachgelegt.

Kind, wir zeigten dir dann Kopenhagen,
viele alte Häuser ganz aus Holz,
sollst bei uns gewebte Hemdchen tragen,
die besticken wir dir voller Stolz.

Und das schönste Spielzeug würden wir dir schenken,
kleine Stühlchen, Tische, handgemacht.
Kindchen, immer woll'n wir an dich denken,
und dein kleines Herz vor Freude lacht.

Auf der Flucht wird dich kein Hunger plagen,
reichlich gibt's bei uns das Smörebrot.
Und mit Sahne, Butter würden wir dich laben,
bei uns littest du bestimmt nicht Not!

Nicht den Stall, den alten, würden wir dir geben,
kriegst das schönste Haus in Dänemark.
Kindlein, wenn bei uns du würdest leben,
o – wie würdest du so groß und stark!

Kindlein, wärst du doch in Lappland, Kindlein, wärst du doch bei uns geboren!

Hier brauchst du dich vor Herodes nicht zu fürchten,
keine Krieger, Schwerter würden dich bedroh'n!
Würden dir die schönste Kote bauen,
nicht den kalten Stall für Gottes Sohn!

Würden dich auf warmen Rentierfellen betten,
brauchtest nicht auf hartes Heu und Stroh!
Kindlein, wenn wir dich bei uns erst hätten:
O – wir Lappen wär'n von Herzen froh.

In den klaren Fluten kannst du baden,
so ein Wasser hast du nicht im Nil!
Trollblumen und Nelken kannst du pflücken,
siehst den hellen Grund der Seen beim Spiel.

Keine Mücke würde bös' dich stechen,
wir webten schöne enge Netze dir
und salbten dir den kleinen Körper,
Kindlein, wärst du doch geboren hier!

Kuckuck, Schneegans kämen angeflogen,
stimmten jubelnd dir ein Loblied an,
schau, sie heben ihre schönen Schwingen,
schenkten bunte Federn dann und wann.

Unsre Sonne strahlt vom Firmamente
Tag und Nacht mit ihrem gold'nen Schein.
Nein, sie will sich gar nicht von dir trennen,
sie umhüllt mit Licht, dich, Kindelein.

Und wird es im Winter dann ganz dunkel,
soll die schwarze Nacht nicht finster sein.
Du bist da – erhellst die düster'n Stunden,
komm zu uns, zieh bei uns Lappen ein!

Merry Christmas

In England und in den USA wird das Weihnachtsfest nicht wie bei uns innerhalb der Familie, sondern laut und fröhlich mit Verwandten, Freunden, Nachbarn als „Open-house-Feast" gefeiert.
Die Kinder hängen am Kamin lange Strümpfe auf, denn in der Nacht zum 25. Dezember kommt Father Christmas oder Santa Claas auf einem Rentierschlitten durch die Lüfte gefahren und lässt Geschenke durch den Schornstein ins Haus gleiten.
Engländer und Amerikaner sind Meister im Weihnachtskartenschreiben. Sie benutzen dabei oft die Abkürzung X-mas für Christmas. Die empfangene Post wird stolz auf einer langen Leine am Kamin oder quer durchs Zimmer aufgehängt.
In England ist die Sitte des Küssens unterm Mistelzweig sehr verbreitet. Über der Tür oder unter der Decke hängt ein Mistelzweig mit weißen Beeren. Wenn darunter ein junger Mann mit einem Mädchen tanzt, darf er es küssen.
Der Truthahn ist in beiden Ländern ein obligatorisches Weihnachtsessen. In England gibt es außerdem Plumpudding in den Weihnachtstagen.

Kindlein, wärst du doch in England, Kindlein, wärst du doch bei uns geboren!

Zwar siehst du die Wolken grau stets hängen,
und es regnet manchmal Tag für Tag.
Doch Herodes wird bei uns dich nicht bedrängen,
noch sein Heer, das auf der Lauer lag.

Grelle Wüstensonne wird bei uns nicht scheinen,
mild ist unsre Sonne, liebes Kind.
Und bei uns sollst du nicht fliehen und nicht weinen,
Schutz in Höhlen suchen vor dem Wüstenwind.

Wärst mit uns durch London froh gegangen,
und von Big Ben hörst du Glockenton.
Kindlein, du wirst festlich hier empfangen,
sieh, da kommt die Königskutsche schon.

Du wirst nun zur Königin gefahren,
Wachsoldaten ganz stramm vor dir steh'n!
Und wir kämen an in hellen Scharen,
um dich, wunderbares Kind zu seh'n.

Würden dir die schönste Wolle geben,
bunten Schottenrock kriegst du geschenkt.
Und die Weber würden für dich weben,
hätten dir die warmen Decken umgehängt.

Schöner als Schalmeien dort im Stalle
klingt bei uns der alte Dudelsack,
und in Schottland tragen wir dich alle
auf den Bergen, Kindlein, huckepack.

Deine Schäflein könnten bei uns grasen,
warm und weich wird ihre Wolle hier,
denn wir haben schönen, fetten Rasen,
Futter hat im Stalle jedes Tier.

Kindlein, unsre Dörfer, Städte rufen:
Komm zu uns nach England übers Meer!
Esel, trage du auf sich'ren Hufen
unser liebes, kleines Kindlein her!

Thomas Nast, Merry Old Santa Claas, in: Harpers Weekly, 1881.

Buon natale – Fröhliche Weihnachten in Italien

In Italien steht die Krippe im Mittelpunkt des Feierns. Franz von Assisi hat im Jahre 1225 in den Bergen um Assisi die erste mit Heu gefüllte Krippe aufgestellt. Er ist mit den Bauern und mit Tieren hinaufgezogen und hat dort mit lebenden Figuren das erste Weihnachtsfest an der Krippe gefeiert. – Bis heute ist dieser Brauch lebendig geblieben, und es gibt in den einzelnen Gemeinden einen spannenden Wettstreit um die schönste Krippe.

Die Kinder in Italien werden an mehreren Tagen beschert. Am 6. Dezember finden sie Geschenke von San Nicola vor der Tür, der allerdings nicht wie bei uns als Bischof erscheint, sondern unsichtbar bleibt. Am 13. Dezember wird der Heiligen Lucia gedacht, die vor 1800 Jahren in Sizilien geboren ist. Am 25. Dezember beschert das Jesuskind, „il Gesû bambino", die Kinder. Und am 6. Januar kommt dann die gute Hexe Befana und beschert die Kinder zum letzten Mal. Eine Hexe in der Weihnachtszeit? Nach einer alten Legende hörte die alte Befana von den Königen, dass das verheißene Kind in Bethlehem geboren sei. Sie wollte auch dorthin ziehen, aber sie suchte so lange nach einem Geschenk, dass sie zu spät kam. Der Stern war verschwunden, die Könige waren heimgezogen. Seitdem beschenkt sie die Kinder am 6. Januar und hofft dabei, das Jesuskind doch noch zu finden. Sie kommt bei Nacht auf ihrem Hexenbesen durch den Schornstein geflogen. Für die braven Kinder gibt es Süßigkeiten, für die anderen ein Stück Kohle.

Oggi é nato un bel bambino

Altitalienisches Weihnachtslied

Vengon poi tre re potenti,
le primizie delle genti,
gli occhi avendo al cielo intenti,
fin dal lido levantino.
Oggi è nato un bel bambino.
Uomo e Dio verbo divino.

Und drei große Kön'ge eilen,
durch die Wüste viele Meilen,
um beim Jesuskind zu weilen.
Denn die Welt ist nicht verloren,
ward doch Christus heut' geboren,
der zum Retter uns auserkoren.
Freie Übertragung

Neapolitanische Krippe, 18. Jh. Diözesanmuseum Freising.

Noel bay raminez Kuthu olsün

Türkisch: Frohe Weihnachten

In der weithin moslemischen Türkei wird das Weihnachtsfest nicht gefeiert. Gleichwohl erwähnt der Koran die Mutter Maria, die einen unehelichen Sohn, ein von Gott geschaffenes Kind, zur Welt bringt. Mohammed verehrte Maria, denn sie war die Mutter des Messias. Nach dem Koran starb Jesus am Kreuz, Allah erhob ihn zu sich. – In Ephesus beten noch heute Muslime in dem Haus, in dem die Mutter Maria der Tradition nach die letzten Lebensjahre verbrachte.

Die türkischen Kinder und Kinder aus anderen Ländern mit moslemischem Glauben erleben seit Jahrzehnten in Kindergarten und Schule unsere weihnachtlichen Bräuche. Wir können ihnen die Gestalt des Nikolaus nahe bringen, indem wir ihnen erzählen, dass Nikolaus Bischof in der Hafenstadt Myra war, in Kleinasien, der heutigen Türkei.

Der Ramadan, der Fastenmonat, ist den Muslimen heilig. Dann dürfen die Erwachsenen von Sonnenaufgang bis Sonnenuntergang weder Speisen noch Getränke zu sich nehmen. Nach Sonnenuntergang treffen sich dann Familien mit ihren Freunden und nehmen ein ausgiebiges Mahl ein. Die Kinder werden Schritt für Schritt an den Fastenmonat gewöhnt. Mit sieben Jahren fangen sie an, zunächst einen Tag zu fasten; je älter ein Kind wird, desto mehr Fastentage muss es einhalten. Mit 15 Jahren gilt der Ramadan auch für sie.

Am Ende der Fastenzeit wird das Fest „Id al Fitr“, das Fest des Fastenbrechens, gefeiert. Die Kinder bekommen Geschenke und neue Kleider und werden mit Süßigkeiten verwöhnt. – Weil der Zeitpunkt des Ramadan variabel ist, fällt das „Zuckerfest“ zeitlich nicht mit unserem Weihnachtsfest zusammen.

Dattelkonfekt

Das wird gebraucht

30 g getrocknete Datteln, 120 g Marzipan-Rohmasse, 40 g Puderzucker, gesiebt; 40 g fein gehackte Pistazienkerne, 1–2 Esslöffel Zucker.

So wird's gemacht

Datteln entsteinen; Marzipan, Puderzucker und Pistazien gut verkneten, zu Kugeln formen und in Zucker wälzen. In die Datteln drücken und die Wölbung mehrmals mit einem Messer einritzen.

Türkische Feigenkugeln

Das wird gebraucht

250 g Marzipan-Rohmasse, 80 g Puderzucker, gesiebt; 8 getrocknete Feigen, 4 Esslöffel Orangenmarmelade, 100 g Krokantstreusel.

So wird's gemacht

Marzipan und Puderzucker verkneten (eventuell zusätzlich mit Orangenlikör abschmecken). – In 32 Stückchen aufteilen. – Feigen in Viertel schneiden. Jedes Feigenteil mit Marzipanmasse umhüllen und eine Kugel daraus formen. – Orangenmarmelade erhitzen und glatt rühren. Die Kugeln zuerst in der Marmelade, dann in Krokantstreuseln wälzen.

Weihnachtsmärchen

Heinrich Pröhle

Das Weihnachtsfest war nahe herangekommen, und aus dem Walde gingen viele Tannen in die Hauptstadt des Landes bei dem schlechten Wege, immer durch dick und dünn. Wenn jemand sie fragte: Wo wollt ihr Tannen denn hin? So antworteten sie: Wir wollen in die Stadt und den Herrn Christ loben.

Ein ganz kleines Tannenbäumchen, das im Walde neben seiner Mutter stand, lief immer hinter seiner Mutter her, als diese sich auch nach der Hauptstadt aufmachte, und folgte ihr immer nach, wie ein Füllen der Stute oder ein junges Rehkalb der Hindin.

Als die Tannen des Abends im Dunkeln in der Hauptstadt angekommen waren, lagerten sie sich alle unter die Fenster des alten steinernen Schlosses, das sie von einer Seite her vor Wind und Wetter schützen sollte, und es war schön anzusehen, wie die vielen grünen Tannen da beieinander lagen. Das kleine Tannenbäumchen aber, das sich neben seine Mutter gelegt hatte, fror gar sehr. Da kam der Wind und legte den Saum seines schneeweißen Mantels erst zu den Füßen der Tannen hin und breitete ihn dann ganz über sie aus. Den andern Morgen aber kam ein Sonnenblick und deckte den schneeweißen Mantel wieder ab. Da rieb sich das kleine Tannenbäumchen vergnügt die Augen und sah verwundert die große, schöne Stadt.

Aber bald wurde seine Freude getrübt, denn es kam ein Herr, der hieß sein Mütterlein mitgehen in sein Haus, das kleine Tannenbäumchen aber musste zurückbleiben, denn es war zum Weihnachtsbaume noch viel zu jung und zu klein. – Als nun der Weihnachtsmorgen kam, da ging das kleine Tannenbäumchen ganz einsam in den nassen Straßen der Hauptstadt umher und weinte. Da sah es aber sein Mütterlein in einem großen, schönen Saale stehen. Es hatte viele Lichter in der Hand, die glänzten gar herrlich, und das Mütterlein war anzusehen wie ein schöner Engel. Da freute sich das kleine Tannenbäumchen sehr und ging getrost weiter.

Es stand aber in einem Hause eine kleine Puppe am Fenster, wie es eben Tag wurde. Die winkte dem kleinen Tannenbäumchen, dass es zu ihr heraufkäme, und fragte: „Wie heißt du, kleine Tanne?"

„Ich heiße Waldgrüne", antwortete das Tannenbäumchen. „Und wie heißt du?"

„Ich heiße Kindchen-küss-mich", antwortete die Puppe.

Da wurden die Puppe und das Tannenbäumchen gute Freunde und blieben lange, lange Zeit beisammen.

Die kleine Tanne aber wuchs sehr schnell heran, da sagte Kindchen-küss-mich endlich zu ihr: „Du bist so ein lang aufgeschossenes Ding geworden, dass ich mich schäme, noch mit dir über die Straße zu gehen; auch ist dir dein Röckchen aus grünen Zweigen viel zu kurz, es reicht dir ja noch lange nicht einmal bis ans Knie, so sehr hast du es verwachsen! Mir wäre das zwar einerlei, aber den Menschen fällt es doch sehr auf. Deswegen wäre das Beste, du gingest wieder zurück in den Wald." Da ging die Tanne wieder in den Wald. Dort aber war ihr Röcklein nicht zu kurz, sondern es war große Freude bei den andern Tannen, dass Waldgrüne wieder zugegen war.

Im Zeichen des Sterns

Mit den Drei Königen ins neue Jahr

Wir haben einen Stern gesehen ...

Der helle Stern, von dem der Evangelist Matthäus spricht (2,1–2) – „Wir haben einen Stern gesehen im Morgenland und sind gekommen, ihn anzubeten“ –, hat viele Künstler angeregt, dieses Phänomen in Wort und Bild zu gestalten. Leuchtende Sterne schmücken in der Weihnachtszeit auch heute noch Fenster und Straßen. Und wenn die Sternsinger am 6. Januar von Haus zu Haus ziehen, tragen sie einen Stern als Zeichen der weihnachtlichen Freude und Hoffnung voran.

Verkündigung an die Magier. Glasfenster in der Kathedrale von Lyon, 13. Jh. Editiciones Encuentro.

Da ist eine alte Geschichte, welche die Ausstrahlung des Sterns, dem die Drei Könige folgten, bis in unsere Tage anschaulich darstellt: Die drei Weisen verließen auf Weisung des Engels Krippe und Stall und zogen auf einem anderen Weg, als sie gekommen waren, heimwärts. Als sie eines Tages einen hohen Berg in der Wüste erklommen hatten, schauten sie sich um in die Richtung des Stalls von Bethlehem und sahen den Stern nicht mehr leuchtend darüberstehen. Gegen Abend kamen sie müde und erschöpft zu einer Oase. Die Hirten, die dort lagerten, füllten ihre Wassersäcke mit frischem Wasser und luden sie ein, in ihren Zelten die kalte Nacht zu verbringen. Da plötzlich – da leuchtete über den Köpfen dieser Menschen ein heller Stern auf.

Am nächsten Tag kam ein starker Wüstenwind auf und verwehte alle Wegspuren. Und die Drei trafen einen alten Mann, der ihnen voranging und ihnen den Weg zeigte, bis sie in einer Höhle Zuflucht fanden.

Und wieder geschah es – da leuchtete über ihnen ein heller Stern auf. Und sie begriffen, warum der Stern, der sie zur Krippe geführt hatte, in tausend kleine Sterne zersprungen war.

Diese vielen kleinen Sterne leuchten seitdem überall auf der Erde, wo Menschen zu Freunden werden. Sollten wir nicht all unsere Kräfte und alle Phantasie freisetzen und hoffen, dass auch

über uns und unseren Lieben so ein heller Stern aufleuchtet? Dann, wenn und wo immer Worte der Liebe gesagt oder Taten der Liebe getan werden, glänzt auch heute überall der Stern von Bethlehem.

Auf vielen Bildern der Kunst sehen wir den Stern von Bethlehem als Kometen dargestellt. Eine solch kurzzeitige Himmelserscheinung, die plötzlich aufglüht und bald wieder erlischt, hätte den drei Sternkundigen aus dem Morgenland und wohl auch anderen Menschen sicher nicht als Wegweiser nach Jerusalem und Bethlehem dienen können. Zudem deutete man in der Antike einen Kometen als böses Vorzeichen. Noch im Mittelalter galt er als mögliches Zeichen für einen Weltuntergang.
Die moderne Sternforschung sagt, dass der Stern von Bethlehem ein Zusammentreffen der Planeten Saturn und Jupiter im Sternbild der Fische sei. Jupiter wurde als Glücksbringer gesehen und Saturn als Stern der Juden. Die drei Weisen, Sterndeuter aus dem Osten, waren wohl mit der jüdischen Religion vertraut, und es lag nahe, dass dieses Himmelsphänomen die Geburt, das Kommen des verheißenen und erwarteten Messias ankündigen sollte. Im Jahre 7 vor Christus war der leuchtende Stern im Mai, September und Dezember zu beobachten, sagt die heutige Sternforschung. So war die weite Anreise, wahrscheinlich von Persien her, im Laufe fast eines Jahres wohl für die Sterndeuter möglich.

So nimm nun Abschied, greises Jahr

Friedrich Rückert

Am letzten Tag des Jahr's
blick' ich zurück aufs ganze
und leuchten seh' ich es
gleich einem Gottesglanze.

Es war nicht lauter Licht,
nicht lauter reines Glück,
doch nicht ein Schatten
blieb in meinem Sinn zurück.

Die Freuden blüh'n mir noch,
die Leiden sind erblichen,
und im Gefühl des Danks
ist alles ausgeglichen.

Ich gab mit Lust der Welt
das Beste, was ich hatte,
und freute mich zu seh'n,
dass sie's mit Dank erstatte.

Nichts Bess'res wünsch' ich mir,
als dass so hell und klar
wie das vergang'ne sei
noch jedes künft'ge Jahr.

Kannst du ein Geldstück riechen?

Ein lustiges Spiel für den Silvesterabend

Für dieses kurzweilige Spiel verlassen bis zu drei Mitspieler den Raum. Der Spielleiter legt drei Zweieurostücke auf den Tisch. Eines der Geldstücke hält er etwa 45 Sekunden in seiner geschlossenen Hand, bis das Metall die Wärme seiner Hand aufgenommen hat. Dann bittet er nacheinander die Spieler mit folgendem Spruch herein:

Drei Geldstücke jeder sehen kann,
ein Geldstück fasste ich eben an.
Das riecht ganz intensiv nach mir,
ich halt jedes an die Nase dir!
Schnupper, schnupper in die Luft,
du riechst meinen ganz besonderen Duft!

Wenn die Spieler nacheinander die Geldstücke an die Nase halten, werden sie zwar nicht den Duft, aber die Wärme der Hand des Spielleiters spüren. Wem gelingt es wohl, das bestimmte Geldstück zu erriechen bzw. den Trick herauszufinden?

Neujahrslied

Johann Peter Hebel

Mit der Freude zieht der Schmerz
Traulich durch die Zeiten.
Schwere Stürme, milde Weste,
Bange Sorgen, frohe Feste
Wandeln sich zur Seiten.

Und wo eine Träne fällt,
Blüht auch eine Rose.
Schon gemischt, noch eh wir's bitten,
Ist für Thronen und für Hütten
Schmerz und Lust im Lose.

War's nicht so im alten Jahr?
Wird's im neuen enden?
Sonnen wallen auf und nieder,
Wolken geh'n und kommen wieder,
Und kein Wunsch wird's wenden.

Gebe denn, der über uns
Wägt mit rechter Waage,
Jedem Sinn für seine Freuden,
Jedem Mut für seine Leiden
In die neuen Tage,

Jedem auf des Lebens Pfad
Einen Freund zur Seite,
Ein zufriedenes Gemüte
Und zu stiller Herzensgüte
Hoffnung ins Geleite!

Die Sternsinger

Der Brauch der Sternsinger ist bereits aus dem Mittelalter überliefert. Damals zogen Arme und Waisenkinder singend durch die Straßen und erhielten dafür milde Gaben.
In unseren Tagen gehen in katholischen Gegenden Ministranten und Ministrantinnen als Könige verkleidet durch die Gemeinden. Ein Sternträger geht voran. Sie schreiben mit geweihter Kreide die Segensformel C + M + B und die aktuelle Jahreszahl an die Eingangstür der Häuser und Ställe: „Christus + mansionem + benedicat" – „Christus segne dieses Haus" – 20 + C + M + B + 03.
Diese drei Buchstaben werden oft auch als die Anfangsbuchstaben der Namen der Heiligen Drei Könige Caspar, Melchior und Balthasar verstanden. Diese Zeichen bleiben das ganze Jahr über als Segenszeichen über der Tür stehen, bis sie im nächsten Jahr von den Sternsingern neu geschrieben werden.
Bei den Sternsingeraktionen wird Jahr für Jahr zusammen mit dem Päpstlichen Missionswerk für arme Kinder in der Dritten Welt gesammelt. So folgen die Sternsinger immer wieder dem hellen Stern. Und wir freuen uns jedes Jahr an diesen leuchtenden Zeichen, an der Vielfalt der Formen und Farben an Kränzen und Zweigen. Als Strohsterne, Zimtsterne, Leuchtsterne – immer sind sie ein Abbild des Sterns von Bethlehem, der über der Krippe leuchtete. Christus wird in der Bibel als der Morgenstern verstanden, der uns „in Finsternis und Todesschatten Sitzenden das Licht brachte und unsere Füße auf den Weg des Friedens führt" (nach Lukas 1,79). So kann uns der Stern den Weg zur Krippe weisen.

Wir kommen daher aus dem Morgenland

T: Maria Ferschl
M: Heinrich Rohr

Dreikönigsspiel

Caspar:
Seht ihr den Stern dort überm Land?
Wir folgen ihm durch den Wüstensand.

Melchior:
Der Stern, er glänzt mit hellem Schein,
ein Königszeichen muss das sein.

Balthasar:
Am Hof des Herodes, da wird es gescheh'n,
wir werden den neuen Herrscher dort seh'n.

Herodes:
Ihr hohen Herren, welche Ehr –
was führt euch zu meinem Palaste her?

Caspar:
Wir fragen, Herr, vor deinem Thron:
Ist hier der neue König gebor'n?

Herodes (leiser):
Ein neuer Herrscher? O Schreck, o Graus,
der mich vertreibt von Hof und Haus?
Ihr Schriftgelehrten, saget mir,
ein Königskind ist geboren hier?

Schriftgelehrter:
Wie es im Buch des Micha steht,
hat es verkündigt der Prophet.
In Betlehem, im Dorf so klein,
soll unser Heil geboren sein.

Herodes:
So zögert nicht, und eilt geschwind,
sucht das verheiß'ne Königskind!
Dann kehrt zurück und sagt mir's an,
dass auch ich dann zu ihm beten kann!

Melchior:
So seht, der Stern, er führt uns fort,
ihm folgen wir zum heil'gen Ort.

Balthasar:
Der Stern bleibt stehen überm Stalle,
das Kind ist geboren für uns alle.

Alle drei:
Macht euch bereit, das Wunder zu seh'n,
wir wollen zum Kind in der Krippe geh'n.

F. Quidenus, Sternsinger.
Aus: Franz Joseph Bronner,
Von deutscher Sitte und Art,
München 1908.

Daniel und der Hund des Königs

Willi Fährmann

Dieser Tag wird ein Glückstag für Daniel werden. Das spürt der Junge gleich, als er aufwacht. Seine beiden kleinen Hunde liegen im Hof und wärmen sich in der Morgensonne. Mutter steht am Feuer und summt ein Lied vor sich hin. Vater hat versprochen, ein Zicklein zu schlachten. Am Abend soll es ein leckeres Mahl geben. Aber bis zum Abend ist es noch lange hin. An einem langen Glückstag kann vieles geschehen. Zuerst will Daniel sich mit anderen Jungen aus seiner Schule an der großen Straße treffen.
An der großen Straße wird der König Herodes heute in seiner Sänfte vorbeigetragen. Daniel soll mit einem Palmwedel winken. „Lang lebe der König", müssen die Jungen schreien, wenn Herodes vorbeikommt. Der Lehrer hat das mit ihnen eingeübt. Jedem Jungen hat er sogar ein kleines Geldstück versprochen, wenn das Hosiannageschrei laut genug ausfällt. Daniel hat gehört, dass der Lehrer diese Jubelpfennige vom Schatzmeister des Königs erhalten hat.
Daniel ist gespannt, wie der große Hund des Herodes aussieht. Die Leute sprechen oft von diesem Hund. Das Tier soll im Festzug dabei sein. Daniel hat Hunde gern.
Als Daniel an der großen Straße ankommt, sind die anderen Jungen bereits da. Aber der Lehrer schimpft nicht. Es ist eben ein Glückstag für Daniel. Er wartet ziemlich lange am Straßenrand. Dann endlich kündigen Trommelwirbel und Trompetenschall den Festzug an.
Prächtig gekleidete Soldaten marschieren vornweg. Es folgen die Priester, die Schriftgelehrten mit ihren spitzen Hüten und die Ratgeber des Königs. Unmittelbar vor der Sänfte trottet der Lieblingshund des Königs Herodes, ein schweres, großes Tier mit einem dunklen Fell und einem wilden Blick. Alle, die den Hund versorgen müssen, knurrt er tief aus der Kehle heraus an, sträubt die Nackenhaare und fletscht die gelblichen Zähne. Gelegentlich beißt er auch zu. Deshalb gehen ihm die Menschen im Palast aus dem Wege.
Der Hund läuft mitten auf der Straße. Er lässt sich von Lärm und Geschrei nicht stören und schaut nicht nach rechts und nicht nach links. Genau an der Stelle, wo Daniel winkt und schreit, bleibt der Hund plötzlich stehen. Der Zug stockt. Der Hund hebt den Kopf, wedelt ein wenig mit dem Schwanz und zerrt so lange an der Leine, bis er dicht vor Daniel steht. Daniel hat keine Angst vor Hunden. Er krault dem Tier das Nackenfell. Als jedoch andere Kinder den Hund streicheln wollen, duckt er sich und knurrt böse. Herodes winkt den Jungen zu sich heran und schenkt ihm eine silberne Münze. „Melde dich morgen bei Sonnenaufgang an der Pforte meines Palastes", sagt er zu dem Jungen.
„Es ist heute ein Glückstag für dich", sagt der Lehrer zu Daniel. Aber das weiß Daniel schon lange.
Daniel erscheint am nächsten Morgen pünktlich vor dem Palasttor. Er wird eingelassen; von diesem Tag an darf der Junge im Palast arbeiten. Er hat die schmale Nebentür des Thronsaals zu öffnen und zu schließen. Die großen Türen werden von Soldaten bewacht. Lange Männer mit noch längeren Spießen hat der König als Türwächter ausgewählt. Daniel steht an der kleinen Tür. Aber die kleine Tür ist wichtig. Durch diese Tür muss Daniel den Lieblingshund des Königs in den Thronsaal führen. Jedes Mal, wenn König Herodes Gäste empfängt, soll der Hund dabei sein. Er legt sich stets zu Füßen des Jungen auf den Marmorfußboden. Nur von Daniel lässt er sich streicheln. Niemand sonst traut sich an das Tier heran, nicht einmal die Soldaten.
Meist verhält sich der Hund ruhig, wenn die Gäste vorgestellt werden. Aber dann und wann

Flucht nach Ägypten, 1. Hälfte 13. Jh.
Aus dem Deckengemälde der
St. Martinskirche in Zillis, Schweiz.

knurrt er und blafft. Daniel hat den Eindruck, dass Herodes zu den Menschen, die der Hund anknurrt, unfreundlich ist und sie nur kurz und ungnädig anhört. Offenbar traut der König seinem Hund eine große Menschenkenntnis zu. Hinter dem Rücken des Königs nennen die Saaldiener den Hund gelegentlich „großer Ratgeber“ und lachen hinter der vorgehaltenen Hand.

Eines Tages werden dem König drei Magier aus dem fernen Morgenland gemeldet. Magier sind kluge, weise Männer, die sich mit den Sternen auskennen. Die Prachttür wird geöffnet, und die Männer treten in den Saal. Daniel bemerkt auf ihren Mänteln den Staub von ihrem langen Weg durch die Wüste.

Der Hund springt auf, jault und winselt freudig und läuft auf die Magier zu. Er schlägt wild mit dem Schwanz und leckt ihnen die Hände. Etwas Ähnliches ist nie zuvor geschehen. Neugierig winkt der König die Weisen zu sich an den Thron. Die Ratgeber des Königs, ja selbst die Saaldiener drängen sich herbei. Sie wollen hören, woher diese Männer kommen und was sie zu berichten haben. Die Magier erzählen von ihrer Wissenschaft.

Sie erforschen den Lauf der Sterne und deuten ihre Botschaft. Schließlich sagt der älteste der Drei, ein großer Neger mit tiefschwarzer Haut: „Wir sind gekommen, um den Messias, den neugeborenen König der Juden zu begrüßen. Wir haben im Morgenland seinen Stern gesehen. Er zog vor uns her, und wir folgten seinem Schein. Seit ein paar Tagen aber ist er verschwunden. Da dachten wir uns, wir fragen dich, Herodes. Wo ist der Mächtige, der in diesem Land geboren worden ist?“

Plötzlich herrscht Totenstille im Thronsaal. Es ist, als ob ein großer Schreck alle erstarren lässt. Herodes wird blass. Ein neuer König? Ein König, von dem er nichts weiß? Ist nicht er, Herodes, der König im Judenland? Er ganz allein?

Herodes schickt die Magier aus dem Saal. Kaum haben sie ihn verlassen, da lässt der König die berühmtesten Schriftgelehrten, die bedeutendsten Wissenschaftler und die klügsten Ratgeber zusammenrufen. Diese sagen ihm alles, was sie über das Kommen des neuen Königs herausgefunden haben. Sie wissen, dass die Zeit sich erfüllt hat und dass der Messias in diesen Tagen geboren werden soll. Sie wissen aus den alten, heiligen Schriftenrollen, dass er aus dem Stamm Juda kommen wird. Sie wissen, dass er unter den Nachkommen des Königs David zu suchen ist. Sie wissen sogar, dass Betlehem die Stadt ist, in der der Messias zur Welt kommen soll. Die Männer sind belesene Priester, scharfsinnige Denker, Gelehrte, die das alles wissen. Der Junge staunt über ihre Kenntnisse. Sie wissen so unendlich viel über den, der da kommen soll. Daniel wundert sich, warum sie nicht schnell den Saal verlassen und nach Betlehem eilen, um den Messias zu finden und anzubeten. Aber nichts dergleichen scheinen sie vorzuhaben, als der König sie endlich entlässt.

Herodes befiehlt, die drei Magier wieder in den Palast zu holen. Er ist sehr freundlich zu ihnen. Zu freundlich, scheint es dem Jungen. Katzenfreundlich. Er verstellt sich, denkt Daniel. Herodes schickt die drei Weisen nach Betlehem. Sie sollen dort nach dem Kinde forschen und es ihm melden, wenn sie den Messias gefunden haben. Er, Herodes, will sich dann auch auf den Weg nach Betlehem machen und dem neuen König huldigen.

Die Weisen bedanken sich und brechen auf. Inzwischen ist es fast dunkel geworden. Herodes lässt die Hauptleute der Palastwache zu sich rufen. Er befiehlt ihnen, die Schwerter zu schärfen, um den zu töten, von dem gesagt wird, dass er der Messias, der neue König der Juden, sein soll. Denn er hat Angst und will selbst König bleiben.

Traurig macht sich der Junge auf den Heimweg. „Herodes ist ein böser Mann“, murmelt er. Der

Hund, der sonst am Abend immer im Palast bleibt, folgt ihm. Vor dem Tor senkt er die Nase zu Boden, schnüffelt, jault auf und folgt der Spur, die er gefunden hat. Der Junge will ihn zurückhalten, aber der Hund ist stärker als er. Wenn Daniel den Lieblingshund des Königs nicht verlieren will, muss er dem Tier folgen.
Bis vor das Stadttor rennt der Hund. Dort hat er die drei Magier eingeholt. Diese schauen zum Himmel und wandern auf Betlehem zu. Da sieht auch Daniel den strahlend hellen Stern. Er versucht nicht mehr, den Hund zurückzuhalten. Sie laufen bis in die späte Nacht. Am Rande der Stadt Betlehem bleibt der Stern stehen.

Die Weisen finden in einem ärmlichen Stall ein Kind. Vor diesem Kind beugen sie sich nieder, bis ihre Stirnen die Erde berühren. Sie beten das Kind an und überreichen ihm Geschenke. Maria, die Mutter des Kindes, und Josef, ihr Mann, nehmen die Geschenke entgegen: Gold, duftenden Weihrauch und kostbare Myrrhe. Mit einem Male weiß Daniel, was das alles zu bedeuten hat. Als ein armes Kind ist der Messias auf die Welt gekommen. Da kniet auch der Junge nieder. Selbst der wilde Hund liegt ganz friedlich da, blinzelt aus sanften Augen und schlägt mit dem Schwanz. Der Junge erzählt, was er im Palast gehört hat und was für einen bösen Plan der König ausführen will.

Der lange Arbeitstag und der weite Weg von Jerusalem nach Betlehem machten Daniel müde. Er lehnt sich an die noch sonnenwarme Steinwand und schläft ein. Als er früh am nächsten Morgen aufwacht, sind die Magier schon weitergezogen. Schnell bricht der Junge auf. Er muss pünktlich im Palast sein, sonst wird Herodes zornig. Er kommt gerade noch rechtzeitig. Daniel findet die Weisen nicht im Palast. Er freut sich. Sie sind nicht nach Jerusalem zurückgekehrt. Sie ziehen auf einem anderen Weg in ihre Heimat zurück.

Herodes wartet voll Ungeduld drei Tage lang. Einmal hockt er sich finster auf seinen Thronsessel, dann läuft er mit großen Schritten durch den Saal, schreit die Diener an, versinkt wieder in dumpfes Brüten. Angst breitet sich aus. Die Diener wagen nicht, miteinander zu reden, und schleichen an den Wänden entlang. Nur der wilde Hund ist wie ausgewechselt. Er springt übermütig umher, neckt die Diener und legt sich dann und wann auf den Rücken und reckt die Beine in die Luft. „Schafft mir das Vieh für immer aus den Augen", schreit Herodes. „Es hat mich getäuscht. Den Jungen, den nehmt gleich mit. Ich will ihn nicht mehr sehen."

Ein Soldat zerrt Daniel und den Hund in den Hof. Er hebt seine Lanze und will das Tier töten. Doch der Hund drängt sich zutraulich an den Soldaten und versucht, ihm die Hand zu lecken. „Lass ihn leben", bittet der Junge. Der Soldat zaudert, lässt schließlich die Waffe sinken und sagt: „Gut, er soll leben, der Messiashund. Aber nimm das Biest mit und lass dich nie mehr in der Nähe des Palastes blicken!" Das verspricht Daniel.

Ängstlich hält sich der Junge vom Palast fern. Tage später hört er dann von dem furchtbaren Verbrechen. Herodes hat in Betlehem und in der ganzen Gegend alle Knaben bis zum Alter von zwei Jahren durch seine Soldaten töten lassen. Als Daniel das erfährt, da schlingt er die Arme fest um den Hals des Hundes. „Die klugen Schriftgelehrten, all die vielen Ratgeber, ja sogar Herodes, haben doch alles vom Messias gewusst", flüstert er. „Warum haben sie nicht geglaubt? Warum, warum haben sie nicht geglaubt?"

Es dauert Wochen, bis sich in der Stadt die Nachricht herumspricht, dass Jesus, Maria und Josef aus Betlehem auf einem Esel vor Herodes und seinen Soldaten geflohen sind, geflohen ins ferne Land Ägypten.

Wie ich die drei Weisen aus dem Abendland traf

Ernst Lange

Diese Geschichte hat gar nichts mit Weihnachten zu tun. Aber der sie erlebte, ist überzeugt, ihm sei da in den ersten Tagen nach dem letzten Kriege einer begegnet, der jenen Weisen aus dem Morgenland ähnlich war. Diese Weisen waren kluge, vernünftige und tüchtige Leute. Aber als Gott ihnen sein Zeichen gab, vergaßen sie all ihre Klugheit und brachen zur Krippe auf. Und wenn einer klug und vernünftig ist und doch nicht vergisst, dass Gott noch klüger ist, dann trägt er die unsichtbare Krone der Weisheit. Von solch einem Menschen sollen wir jetzt hören. Als ich meinen zweiten Weisen traf, war der große Krieg schon vorbei. Allerdings erst drei oder vier Tage.
Mein Freund Theo, der Pfarrer, und ich waren damals gerade dabei, unsere Kirche wieder herzurichten, denn wir wollten so bald wie möglich wieder Gottesdienst in ihr halten. Sie sah schlimm aus. Die letzten Kriegstage hatten ihr arg mitgespielt. Der Boden war mit Schutt und Schmutz bedeckt, auf der Empore hatte es gebrannt, der Wind pfiff durch die Fensterhöhlen. Aber die Decke war heil, einen Teil der Bänke konnte man noch gebrauchen, und auch Altar und Kanzel waren unversehrt. Darum waren wir mit Eifer bei der Sache. Die Arbeit war allerdings ziemlich schwierig. Denn wir hatten gar kein Gerät, keine Schubkarren, keine Schaufeln, keine Bretter. Wir hatten nur einen alten Besen, zwei Eimer und unsere beiden Hände. Alles andere hatte der Krieg gefressen.
Plötzlich hörten wir schwere Schritte. „Was ihr da machen?“, fragte eine raue, tiefe Stimme. Wir fuhren herum und erschraken. Denn da stand ein russischer Soldat, die Maschinenpistole unter dem Arm. Und wir hatten damals alle Angst vor den Russen. Es wurden viele schlimme Dinge von ihnen berichtet. Und vor allem wussten wir, dass die kommunistischen Soldaten von Gott und der Kirche gar nichts wissen wollten.
„Wir räumen auf“, sagte Theo. „Wir wollen hier nächsten Sonntag Gottesdienst halten.“
„Nicht gutt“, sagte der Soldat. „Die Menschen draußen haben keine Häuser, Häuser wichtiger als Kirchen.“
„Die Menschen draußen haben keinen Mut, ihre Häuser wieder aufzubauen“, sagte Theo. „Hier werden sie Mut gewinnen.“
„Mut, hier?“, sagte der Soldat. „Warum hier?“
„Der da“, sagte Theo und zeigte auf den Gekreuzigten über dem Altar, „war auch kaputt, genau wie wir. Und Gott hat ihm geholfen.“
Der Soldat sah zum Altar hin. Dann brummelte er etwas Unverständliches, drehte sich um und stapfte hinaus.
Eine Stunde später hörten wir ein Auto vor der Kirche stoppen.
„He, Pfarrer!“, schrie es. Wir gingen hinaus. Da stand unser Soldat vor einem Lastauto, und auf dem Wagen – wir trauten unseren Augen nicht! – waren Schubkarren, Schaufeln, grobe Besen, ein Stapel Bretter und zwei Rollen Drahtglas, lauter Dinge, die wir für unsere Kirche so nötig brauchten und die doch damals nirgends aufzutreiben waren. „Komm, fass an!“, sagte der Soldat zu mir und lachte. So brachten wir all die Herrlichkeiten hinein in die Kirche.
„Vielen Dank“, sagte Theo und wollte dem Soldaten die Hand geben.
„Nix“, sagte der, „los, arbeiten, arbeiten!“ Und damit fing er an zu arbeiten. Wir waren einfach sprachlos. Da kam ein Feind und half uns unsere Kirche wieder herrichten. Warum tat er das? Ganz beschämt gingen wir wieder an unser Werk. Damit ging es nun viel schneller voran. Wir hatten gutes Werkzeug, und unser Soldat schuftete mit uns. In ein paar Stunden hatten wir den ganzen Schutt hinausgeschafft. Dann sagte Theo: „Schluss für heute!“, und wir stellten unser Gerät fort.

Draußen drehte der Soldat sich eine Zigarette. „Ich Sergej", sagte er. Auch wir stellten uns vor. Dann fragte Theo: „Warum hilfst du uns, Sergej? Glaubst du auch an Gott?" Sergej lachte. „Ich, nein. Ich Kommunist. Aber meine Mutter. Alte Leute sind so."
„Und von dem da", Theo zeigte zum Altar hin, „hat dir deine Mutter erzählt?" – Sergej nickte. – „Deine Mutter ist eine gute Frau, denn sie hat einen guten Sohn", sagte Theo ernst. – „Nicht gut", meinte Sergej leise, „nein, gar nicht gut." Dann sprang er in seinen Wagen und fuhr davon.
Von nun an half Sergej uns jeden Tag ein paar Stunden bei unserer Arbeit. Und am Sonnabendmittag waren wir fertig. Da holte Sergej einen länglichen, offenbar ziemlich schweren Gegenstand aus dem Auto. „Ich habe etwas ... wie sagt ihr? ... organisiert." Er lachte verlegen und doch glücklich wie ein Junge, der eine Überraschung vorhat. Er packte sein Paket aus. Zum Vorschein kamen vier Wachskerzen, über einen Meter lang und dicker als ein Männerarm, wie man sie in katholischen Kirchen manchmal findet.
„Junge, Junge", sagte ich, denn Kerzen waren damals eine große Kostbarkeit. Dann tat Sergej etwas sehr Merkwürdiges. Er trug die vier Kerzen auf den geöffneten Händen wie eine Opfergabe zum Altar und legte sie dort nieder. Dann beugte er sich und küsste den Altartisch. Er sah sehr schön aus, der Soldat, als er sich vor dem Gekreuzigten neigte. Dann kam er zu uns zurück und war sehr verlegen. Aber er sagte leise: „Für euren Altar, für ... für den da!" und gab uns die Hand und verschwand. Als er fort war, ging Theo zum Altar und nahm eine der Kerzen in die Hand.

„Schön sind sie", sagte er. „Schade, dass wir sie nicht gebrauchen können. Sie sind viel zu groß und zu schwer für unsere kleinen Leuchter. Aber ich kann sie vielleicht bei den Katholiken gegen kleinere umtauschen."
Er hatte natürlich recht. Die Kerzen waren wirklich zu groß für unsere Leuchter. Und doch war es ein Fehler, ein schwerer Fehler, dass wir sie nicht aufsteckten für unseren ersten Gottesdienst nach dem Krieg.
Denn am Tag darauf, eine halbe Stunde vor dem Gottesdienst, kam Sergej in die Kirche. Er kam auf mich zu und wollte mir gerade die Hand geben, als sein Blick auf den Altar fiel. Da zog er die Hand wieder zurück. „Ihr habt sie nicht genommen?", fragte er, und es war einen Augenblick lang, als wollte er anfangen zu weinen. „Ihr habt sie also nicht genommen!" Und jetzt war seine Stimme schwer und böse vor Zorn und Enttäuschung. „Kerzen von einem Kommunisten sind wohl nicht gut genug für ... für den da!" Aber diesmal war das „den da" nicht voll heimlicher Ehrfurcht, sondern voller Enttäuschung. Ohne ein weiteres Wort ging er davon.
Plötzlich war mir klar, wie schrecklich wir ihn verletzt hatten. Ich lief ihm nach. Aber es war zu spät. Er saß schon im Wagen, und gleich darauf war er verschwunden. Wir haben ihn nie wieder gesehen.
Die ersten Gemeindemitglieder, die schon in ihren Bänken saßen, werden sich gewundert haben, als ihr Pfarrer etwas später eigenhändig vier riesige Kerzen mit Wachs auf den Altartisch klebte. Aber sie mussten sich nicht lange wundern. Denn in seiner Predigt erzählte Theo von Sergej, von seinen Kerzen und auch davon, dass wir in unserer Blindheit einen Menschen hatten davongehen lassen, den das Kind in der Krippe zu sich gerufen hatte.

Würzige Kokosmakronen der Heiligen Drei Könige

Mit Gewürzen aus dem Orient

Das wird gebraucht

140 g Kokosraspeln, 100 g Zucker, 2 Eier, 1 Prise Salz, 1 Messerspitze Zimt, 1 Messerspitze Anis, 1 Messerspitze Kardamom, 1/2 Teelöffel Vanillepulver, 1/2 Teelöffel Orange-Back, etwa 10 Oblaten.

So wird's gemacht

Eiweiß vorsichtig vom Eigelb trennen. – Eiweiß und Salz steif schlagen, Zucker nach und nach unterrühren. – Mit dem Eigelb die restlichen Zutaten verrühren, vorsichtig den Eischnee darunter heben. – Ein Backblech mit Backpapier auslegen, die Oblaten darauf verteilen, mit 2 Teelöffel kleine Häufchen auf die Oblaten setzen, in den vorgeheizten Backofen schieben und bei 160° etwa 10–12 Minuten backen.

Drei Kön'ge wandern aus Morgenland

Gold dem Kin - de__ spen - den zum Op - fer - sold. Und hell er -
Gold zum Op - fer__ dar_______ dem
Knäb - lein hold.____ O Men - schen - kind! hal - te treu-lich Schritt!
Die Kön' - ge wan - dern, o wan-dre mit! Der Stern der Lie - be, der Gna - de
p un poco più mosso

Peter Cornelius
Notensatz: © B. Schott's Söhne

Die Hl. Drei Könige. Detail aus der großen Krippe von Hadamar (b. Limburg), geschaffen von Helmut Gebhard Piccolruaz, Tirol.

Textquellen

Bergengruen, Werner, Kaschubisches Weihnachtslied,
aus: Werner Bergengruen, Gestern fuhr ich Fische fangen.
© 1992 by Arche Verlag AG Raabe + Vitali, Zürich.

Camara, Dom Helder, Warten!,
aus: Dom Helder Camara, Selig, die träumen. 5-Minuten-Radiopredigten.
© unbekannt.

Church, Francis Pharcellus, Gibt es einen Weihnachtsmann?,
aus: Francis Pharcellus Church, Der heilige Abend, 1985.
© Verlag Das persönliche Geburtstagsbuch, Köln.

Fährmann, Willi, Daniel und der Hund des Königs,
aus: Willi Fährmann, Daniel und der Hund des Königs.
© Autor.

Holz, Arno, Weihnachten.
aus: Arno Holz, Werke. Bd. 5: Das Buch der Zeit.
© Rechtsanwalt Dr. Manfred Asseyer, Berlin, als Bevollmächtigter der Rechtsinhaber.

Kaléko, Mascha, An meinen Schutzengel,
aus: Mascha Kaléko, In meinen Träumen läutet es Sturm.
© 1977 Deutscher Taschenbuchverlag, München.

Küchenmeister, Rumold, „Ach, wenn doch …“.
© Autor.

Lagerlöf, Selma, Die heilige Nacht,
aus: Selma Lagerlöf, Geschichten zur Weihnachtszeit.
© 1948 by nymphenburger in der F. A. Herbig Verlagsbuchhandlung GmbH, München für die deutsche Übersetzung von Marie Franzos.

Lange, Ernst, Wie ich die drei Weisen aus dem Abendland traf,
aus: Wolfgang Erk, Weihnachtsveranstaltungen. © unbekannt.

Reiser, Werner, Vom Engel, der nicht mitsingen wollte,
aus: Werner Reiser, Der Geburtstag von Adam und Eva. Neue Legenden und Parabeln. Friedrich Reinhardt Verlag, Basel 1978. © Autor.

Waggerl, Karl Heinrich, Die stillste Zeit im Jahr,
aus: Karl Heinrich Waggerl, Das ist die stillste Zeit im Jahr.
© Otto Müller Verlag, Salzburg 8. Auflage 1998.

Wiemer, Rudolf Otto, Der kleine Engel aus Goldpapier,
aus: Rudolf Otto Wiemer, Es müssen nicht Männer mit Flügeln sein.
© Rudolf Otto Wiemer Erben.

Bildnachweis

Vorwort

S. 9: Wolfgang Müller.

Im Zeichen der Lichter

S. 10: Christophorus Verlag Freiburg i. Br.
S. 11: Sternenlaterne, aus: Schöne Weihnachtszeit. Christophorus-Verlag, Freiburg i. Br. 2001, 46f. Text: Erika Bock; Foto: Christoph Schmotz.
S. 12: Helmuth Nils Loose.
S. 13, 15, 24, 25: Wolfgang Müller.
S. 17: Martinsgans, aus: Martha Steinmeyer, Laterne, Laterne. Motive aus Window Color & Papier. Christophorus-Verlag, Freiburg i. Br. 2000, 12f. – Foto: Christoph Schmotz.
S. 19: Dietz-Rüdiger Moser.
S. 20f: Die Legende von Sankt Martin, aus: Barbara Cratzius, Kommt zu unserem Weihnachtsspiel. Christophorus-Verlag, Freiburg i. Br. 2001, 10f. Illustrationen: Clara Suetens.
S. 22: Bildarchiv Verlag Herder.
S. 26f: Kürbislaterne, aus: Martha Steinmeyer, Laterne, Laterne. Motive aus Window Color & Papier. Christophorus-Verlag, Freiburg i. Br. 2000, 12f. – Foto: Margot Klumpp.

Im Zeichen des Advents

S. 29: Dietz-Rüdiger Moser.
S. 31: Heinz Erhardt.
S. 35, 37: Wolfgang Müller.
S. 42: Adventskranz, aus: Ulrike Geisemeier, Floristik-Ideen für Advent & Weihnachten. Christophorus-Verlag, Freiburg i. Br. 2001, 12f. Foto: Roland Krieg.
S. 43: Adventskalender; Engel suchen, aus: Monika Neubacher-Fesser, Adventskalender. Christophorus-Verlag, Freiburg i. Br. 2000, 20f. Foto: Roland Krieg.
S. 44: Images & Photos Melaye.
S. 45: Adventskalender; Pinguine und Eisberge, aus. Monika Neubacher-Fesser, Adventskalender. Christophorus-Verlag, Freiburg i. Br. 2000, 16ff. Foto: Roland Krieg.

Im Zeichen der Geheimnisse und Wünsche

S. 46: Bildarchiv Verlag Herder.
S. 47: Rainer Binder, München.
S. 49: Christophorus-Verlag, Freiburg i. Br.
S. 52, 57, 58: Helmuth Nils Loose.
S. 55: Archiv Manfred Becker-Huberti.
S. 61: Wolfgang Müller
S. 62f: Nikolausgesicht, aus: Ursula Ritter, Knusper, knusper Weihnachtsmann. Back-Ideen für kleine Hände. Christophorus-Verlag, Freiburg i. Br. 1999, 6f. Foto: Christoph Schmotz.
S. 65: Werner Mezger.

Im Zeichen der Kerzen und des Tannenbaums

S. 68, 69f, 74, 79: Wolfgang Müller.

S. 72: Adventlicher Türbogen, aus: Hiltrud Seibel, Festliche Floristik zur Weihnachtszeit. Christophorus-Verlag, Freiburg i. Br. 2000, 10f. Foto: Beatrice Krämer.

S. 77: Dietz-Rüdiger Moser.

S. 81f: Rautenstern, aus: Kathleen Lützner, Weihnachtssterne zauberhaft schön. Christophorus-Verlag, Freiburg i. Br. 2002, 6f. Foto: Christoph Schmotz.

S. 83: Weihnachtsbaum, aus: Frohe Weihnachten. Mit Papier und Window Color. Christophorus-Verlag, Freiburg i. Br. 2002, 54f. Foto: Christoph Schmotz.

Im Zeichen der Engel

S. 90, 96, 97, 98 unten, 100: Wolfgang Müller.

S. 98: Engel im Federkleid, aus: Ursula Ritter, Lieber guter Weihnachtsmann. Kinder basteln im Advent. Christophorus-Verlag, Freiburg i. Br. 1998, 16f. Foto: Christoph Schmotz.

Im Zeichen der Heiligen Nacht

S. 103: Images & Photos Melaye.

S. 104, 112: Dietz-Rüdiger Moser.

S. 106, 116: Wolfgang Müller.

S. 107: Bildarchiv Verlag Herder.

S. 109f: Figuren: Gertrud Schrör.

S. 121: EMB-Service für Verleger, Luzern.

S. 123: Knusperhaus, aus: Das Mitmachbuch zur Weihnachtszeit. Christophorus Verlag, Freiburg i. Br. 1994, 24f. Text: Irene Fackler; Foto: Roland Krieg.

Im Zeichen von Weihnachten

S. 124: EMB-Service für Verleger, Luzern.

S. 125: Weihnachtskarten: Barbara Cratzius.

S. 126, 128, 133, 137: Wolfgang Müller.

S. 129: Transglobe Agency, Hamburg.

S. 131: Spanische Marzipanecken, aus: Das Mitmachbuch zur Weihnachtszeit. Christophorus-Verlag, Freiburg i. Br. 1994, 41f. Text: Irene Fackler; Foto: Roland Krieg.

S. 134: Archiv Manfred Becker-Huberti.

S. 135: Dietz-Rüdiger Moser.

Im Zeichen des Sterns

S. 140, 141, 147, 155: Wolfgang Müller.

S: 143: Archiv Manfred Becker-Huberti.

S. 145: Bildarchiv Verlag Herder.

S. 151: Mosaik Verlag / Gerk-Newedel.

Umschlaggestaltung: Uwe Stohrer, Freiburg i. Br.
Umschlagmotiv: Comstock

www.herder.de

Satz: Uwe Stohrer, Freiburg i. Br.
Druck und Bindung: Těšínská Tiskárna 2003
Gedruckt auf umweltfreundlichem,
chlorfrei gebleichtem Papier
ISBN 3-451-28204-6

Weitere Buchtipps für Advent und Weihnachten

Lesebücher/Meditation:

Christian Leven (Hg.)
Im Lichterglanz der Weihnacht
Geschichten, Legenden und Gedichte für die schönste Zeit des Jahres
ca. 240 Seiten, gebunden
ISBN 3-451-28205-4
Das literarische Weihnachtsbuch – Besinnliche Texte für stille Lesestunden.

Andrea Schwarz
Vom Engel, der immer zu spät kam
Meine schönsten Weihnachtsmärchen
128 Seiten, Halbleinen, mit Lesebändchen
ISBN 3-451-26461-7
Moderne Weihnachtsmärchen, wie es nur wenige gibt: fröhlich und frech, anrührend und amüsant.

Willi Hoffsümmer
Das Wunder dieser Nacht
60 Weihnachtsgeschichten zum Vorlesen in Kindergarten, Schule und Gemeinde
176 Seiten, gebunden
ISBN 3-451-27629-1
Ein Vorlesebuch mit Hinweisen für den sinnvollen Einsatz der Erzählungen rund um die Weihnachtszeit.

Weihnachten mit Phil Bosmans
Texte für alle Tage der Advents- und Weihnachtszeit
96 Seiten mit Farbbildern, Halbleinen
ISBN 3-451-27183-4
Weihnachten mit dem großen flämischen Menschenfreund verspricht etwas ganz Besonderes.

Als Friede war auf der ganzen Erde
Das Weihnachtsevangelium
ca. 48 Seiten, gebunden in Halbleinen
ISBN 3-451-28223-2
Das Buch zum Fest: Die Originalfassung der Weihnachtsgeschichte – wunderschön und großzügig illustriert.

Sachbücher:

Christoph Wetzel/Matthias Albani/
Willibald Bösen
Jesus von Nazareth, zu Bethlehem geboren
Die biblischen Überlieferungen im Spiegel von Kunst und neuer Forschung
ca. 192 Seiten, gebunden mit SU
ISBN 3-451-28201-1
Dieses Sachbuch ist ein Muss für alle, die sich mit dem Leben Jesu beschäftigen – und das nicht nur zur Weihnachtszeit!

Franz Xaver Erni/Heinz Alexander Erni
Stille Nacht, Heilige Nacht
Die schönsten Weihnachtslieder
224 Seiten, gebunden mit SU
ISBN 3-451-27859-6
Die große legenden- und geschichtenreiche Welt der beliebtesten Weihnachtslieder.

Kinderbücher:

Manuela Treitmeier
Das große Buch der Weihnachtsfreude
Lesen, Spielen, Backen, Singen – miteinander Zeit verbringen.
80 Seiten, farbig illustriert von Hans-Günter Döring, gebunden
ISBN 3-451-27874-X
Das fröhliche Weihnachts-Mitmachbuch für die ganze Familie.

Margret Nußbaum
Bald ist Weihnachten
24 Adventskalendergeschichten
Mit vielen Tipps zum Basteln, Backen und Spielen
54 Seiten, farbig illustriert von Lena Franke, mit Spiralbindung sowie einer Vorrichtung zum Aufstellen und Aufhängen
ISBN 3-451-28235-6
Der ideale Familienbegleiter mit vielen praktischen Anregungen.

Ursel Scheffler
Uns ist ein Kind geschenkt
Die Weihnachtsbibel
32 Seiten, farbig illustriert von Betina Gotzen–Beek, gebunden
ISBN 3-451-28148-1
Die Geschichte, wie Jesus geboren wurde. Meisterhaft und kindgerecht erzählt. Ein schön gestalteter Einstieg in biblisches Erzählen.

In jeder Buchhandlung!

HERDER